Kein Hund für Papa?

Gerda Anger-Schmidt wurde 1943 in Wels geboren, Dolmetsch- und Übersetzerstudium in Wien und Graz. Sie lebt in Wien und schreibt seit 1980 Prosa und Lyrik für Kinder und Erwachsene. Ihre Werke zeichnen sich durch Sprachwitz und großes Einfühlungsvermögen aus.

Im Dachs-Verlag: „Sei nicht sauer, meine Süße!" (Anerkennungspreis zum Preis der Stadt Wien), „Alles in Butter, liebe Mutter!" (Illustrationspreis der Stadt Wien), „Silberlächeln. Ein Zahnspangentagebuch.", „Freund gesucht! Dringend!", „Manege frei für Katharina"

Gesetzt nach den Regeln der neuen deutschen Rechtschreibung.

www.dachs.at

Illustration: Birgitta Heiskel
Druck und Bindung: Druckerei Theiss GmbH, A-9400 Wolfsberg

ISBN 3-85191-163-6
2. Auflage
02 02 15 / 20 / 2

Gerda Anger-Schmidt

Kein Hund für Papa?

mit Zeichnungen von
Birgitta Heiskel

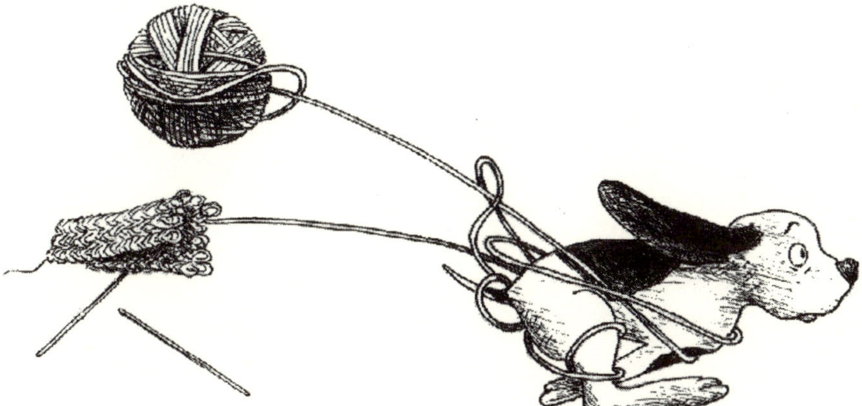

DachsVerlag

Wie mir ein junger Hund zuläuft und ich ihn mit nach Hause nehme

Ich weiß noch gut, wie alles begonnen hat. Es war der 5. Januar, vorletzter Tag der Weihnachtsferien. Ich sollte am Vormittag für Mama einkaufen gehen, doch das passte mir überhaupt nicht in den Kram, da ich mit meiner Schwester Monika gerade Roulette spielte und eben die Bank gesprengt hatte. Also stellte ich mich taub.

Leider beharrte Mama auf ihrer Forderung und hielt mir einen Gutschein unter die Nase, den ich ihr irgendwann geschenkt hatte. MITHILFE IM HAUSHALT stand da drauf. In meiner Handschrift. Und diesen Gutschein wollte sie einlösen!

Ich wollte die Sache schnell hinter mich bringen. Schließlich blieb mir keine andere Wahl! Ich schnappte den Einkaufskorb und düste los. Drei Stockwerke hinunter, die Straße überquert, scharf nach rechts abgebogen und dann im Schweinsgalopp bis zur Kreuzung. Das Geschäft war gerammelt voll und ich musste elendslang warten, bis ich drankam.

In der Zwischenzeit hatte es zu schneien begonnen. Zum ersten Mal in diesem Winter! Als ich wieder auf der Straße stand, lag bereits ein hauchdünner Flockenflaum auf den geparkten Autos. Ich war plötzlich in Hochstimmung. Endlich Schnee! Die ganzen Ferien hatte ich darauf gewartet! Ich riss den Mund weit auf und ließ mir die Schneeflocken auf der Zunge zergehen.

An der Sprechanlage unseres Hauses läute ich Sturm.

„Ich bin's!", rufe ich, als ich Mamas Stimme höre. „Große Neuigkeit: Es schneit!" Statt einer Antwort summt der Türöffner.

Das Vorhaus kommt mir noch düsterer vor als sonst. Ich schalte das Minutenlicht ein. Sehr viel hilft das aber nicht! Ich laufe durch das lang gezogene Vorhaus, vorbei an den Fahrrädern, dem Altpapiercontainer und den aufeinander gestapelten Kartons. Und da, genau in diesem Augenblick, passiert es: Wie von Geisterhand geschoben kommt einer der Kartons auf mich zu. Ich bleibe wie angewurzelt stehen. Da steckt sicher wieder Heiner dahinter! Der freut sich doch jedes Mal diebisch, wenn er andere erschrecken kann.

„Trau dich und komm raus!", rufe ich und drücke die Schwingtür zum hell erleuchteten Stiegenhaus auf, um mir den Fluchtweg zu sichern.

Doch dann kommt alles ganz anders. Ich sehe zu meinem Erstaunen, wie sich ein kleiner Hund zwischen den Kartons durchzwängt und auf mich zutapst. Ich gehe in die Hocke und streichle ihn. Sein Fell ist warm und weich. Er schnuppert erst am Einkaufskorb, dann an meiner Hand. Dann streckt er sich der Länge nach aus und wälzt sich auf den Rücken.

„Soll ich dir den Bauch kraulen?!" Gut, dass ich mich mit Hunden auskenne. In meiner Klasse haben drei einen Hund und mit denen ziehe ich öfter herum.

Der junge Hund ist ganz zutraulich und so kraule ich ihn eine

Weile. Als er jedoch mit den spitzen Zähnchen an meinen Fingern zu knabbern beginnt, ziehe ich die Hand zurück und verstecke sie im Ärmel meines Anoraks. Soll er am Ärmel herumbeißen, wenn er will.

„Robbe?", höre ich Mamas Stimme im Stiegenhaus. „Wo bleibst du denn?"

„Komme schon!", rufe ich und springe auf. „Ich muss jetzt leider gehen", sage ich zum Hund und will schon die Schwingtür vor seiner Nase zufallen lassen. Doch da läuft er an mir vorbei bis zum Stiegenaufgang und schaut mich erwartungsvoll an.

„Tut mir Leid! Ich muss jetzt nach Hause."

Ich gehe die Stiege hinauf und nehme jeweils zwei Stufen auf einmal. Der Hund bleibt mir dicht auf den Fersen. Im zweiten Stock schnuppert er aufgeregt am schmiedeeisernen Treppengeländer und hebt sein Bein.

„Bist du wahnsinnig?", fahre ich ihn an. „Du kannst doch nicht einfach hierher pinkeln!" Er schaut mich so treuherzig an, dass ich unwillkürlich lachen muss. Nur gut, dass unsere Hausmeisterin nicht in der Nähe ist! Da gäbe es sicher Ärger.

Oh oh! Da biegt sie auch schon um die Ecke.

„Also, nein wirklich, das geht zu weit!", regt sich Frau Wondraschek auf. „Ich wasche doch nicht das Stiegenhaus auf, damit eine Stunde später so ein Hundsvieh ... Also, nein wirklich, das geht zu weit!" Sie ist krebsrot im Gesicht.

„Wo bleibst du denn, Robbe?", ruft Mama vom dritten Stock herunter.

„Komme schon!", brülle ich zurück und versuche, mich an der Hausmeisterin vorbeizudrücken.

„Nein, nein, erst wird das hier weggewischt!" Ihr Blick hält mich fest.

„Ich ... ich hole nur g-g-ganz schnell ein T-t-tuch zum Aufwischen." Schon husche ich an ihr vorbei hinauf in die Wohnung. Der Hund mir nach.

„Wo bleibst du denn so lange?" Mama steht in der offenen Tür und hält meinen kleinen Bruder Bastian auf dem Arm. Da fällt ihr Blick auf den Hund. „Wo kommt der denn her?"

„Wauwau!", kräht Bastian und fuchtelt mit den Armen.

Mama bückt sich und stellt Bastian ab. „Wenn mich nicht alles täuscht", sagt sie, „ist das ein junger Basset, ein Bassetwelpe." Sie krault ihn hinter einem seiner langen Ohren.

Bastian macht ein paar unsichere Schritte, lässt sich aber dann niederfallen und verlegt sich aufs Krabbeln. Der Hund schnüffelt eingehend an seiner Windelhose.

„Jaja! Ich weiß!", sagt Mama. „Volle Windeln." Sie nimmt Bastian hoch und verschwindet mit ihm im Badezimmer. Der Hund folgt ihr.

„Wird hier nun aufgewischt oder nicht?", meldet sich Frau Wondraschek von unten.

„Komme schon!", rufe ich und hole ein Aufwischtuch.

„Hast du etwas ausgeschüttet?", fragt Mama, die Bastian eben frische Windeln verpasst.

„Ich muss nur schnell hinter dem Hund sauber machen."

„Sauber machen? Von dieser Seite kenne ich dich ja gar nicht!", sagt Mama erstaunt.

Keine Zeit für Erklärungen! Schon bin ich bei der Tür draußen.

„Und dass mir so etwas nicht wieder vorkommt!", schnaubt Frau Wondraschek, nachdem ich alles weggewischt habe. „Denn das geht wirklich zu weit!"

Kaum bin ich wieder in der Wohnung, springt der Hund voll Wiedersehensfreude an mir hoch und führt sich auf, als wäre ich einen ganzen Tag weg gewesen. Ich werfe das pinkelnasse Tuch in die Badewanne und will mit ihm spielen.

„Vergiss nicht, das Tuch auszuwaschen", sagt Mama und verschwindet mit Bastian in der Küche.

„Jaja", maule ich. Immer ich!

Als Monika den Hund sieht, ist sie ganz aus dem Häuschen und lockt ihn sofort ins Kinderzimmer. Sie zerrt ihren alten Puppenwagen unter dem Stockbett hervor und will den Hund hineinsetzen. Unbedingt!

„Wird ein bisschen eng da drinnen", werfe ich ein. Immerhin liegen schon ein Teddy, ein Stoffesel und eine Puppe im Wagen.

„Die kommen raus!", sagt Monika. Schon fliegen die drei in hohem Bogen auf ihr Bett. „So, jetzt hat er genug Platz."

Der Hund weiß nicht recht, was das alles soll, und schaut uns unglücklich an. „Ich werd mit ihm Slalom fahren", sage ich und kurve los. Der Hund fängt zu jaulen an.

„Hör auf, aber sofort!", regt sich Monika auf. „Das mag er nicht." Da springt der Hund auch schon aus dem Wagen und bringt sich in Sicherheit.

„Du bist so was von blöd, Robbe, das gibt's überhaupt nicht."

„War doch nur Spaß", lenke ich ein.

„Streitet ihr schon wieder?" Mama streckt den Kopf zur Tür herein. „Was denn, der Hund ist immer noch da? Wem gehört er denn eigentlich?" Sie öffnet die Tür sperrangelweit, damit Bastian mit seinem Laufwägelchen hereinkann.

„Keine Ahnung! Er ist mir nachgelaufen."

„Dann müssen wir seinen Besitzer ausfindig machen", sagt Mama und bittet mich, die Nummer auf der Hundemarke abzulesen. Der Hund hat jedoch keine Hundemarke. An seinem Halsband hängt nur ein Lederplättchen, auf dem der Name FRANZ-XAVER eingeritzt ist.

„Keine Hundemarke? Das gibt es doch nicht", sagt Mama irritiert und überzeugt sich selbst. „Tatsächlich!" Sie überlegt eine Weile. „Ihr müsst auf jeden Fall alle Leute im Haus fragen. Vielleicht kennt jemand den Hund. Oder vielleicht hat ihn jemand zu Weihnachten geschenkt bekommen und ihn irrtümlich ausgesperrt."

Das Telefon klingelt. Gleichzeitig betritt der Großvater die Wohnung. Mit fliegenden Ohren stürzt der Hund ins Vorzimmer und verbellt den Großvater gehörig.

„Hallo, Vater!", ruft Mama dem Großvater zu. Dann hebt sie den Telefonhörer ab. Der Hund bellt immer noch. Mama legt die

Hand auf die Sprechmuschel und sagt zu mir: „Könntest du, bitte, dafür sorgen, dass der Hund zu bellen aufhört?" Dann wieder in den Hörer: „Hallo, Schatz! Wie? Nein, nein ... Ich weiß es nicht, Kurt! Robbe hat ihn mitgebracht. ... Natürlich, ich schicke die beiden gleich los. Dann bis später! Ja? ..." Plötzlich lächelt Mama. „Ja, ich dich auch!" Und legt auf.

Monika stellt sich auf die Zehenspitzen und flüstert mir ins Ohr: „Weißt du, was der Papa zum Schluss zur Mama gesagt hat?"

Ich zucke die Schultern. „Du vielleicht?"

„Ich liebe dich, hat er gesagt", flüstert sie und lacht verschmitzt. „Und sie: Ich dich auch!"

Was die alles weiß! Dabei ist sie erst knappe sieben Jahre alt.

„Hoffentlich ist er nicht ausgesetzt worden", sagt der Großvater nachdenklich, als ich ihm erzähle, wie ich den Hund gefunden habe.

Mama drängt uns, nun die Hausparteien abzuklappern, um spätestens um halb eins zum Mittagessen zurück zu sein.

„Ich möchte den Hund gern tragen", bettelt Monika.

Ich mache ihr klar, dass der doch selber gehen kann.

„Ich will ihn aber tragen!", sagt sie bockig.

Der Großvater legt ihn ihr in die Arme. „Ist er dir nicht zu schwer?"

„Nein, das geht schon!" Zärtlich legt sie die Wange an den Kopf vom Franz-Xaver. „Ich würde ihn so gern behalten", sagt Monika, als wir aus der Wohnung draußen sind.

„Ich auch", sage ich. Selten waren wir uns so einig wie in diesem Augenblick.

Wie wir alle Hausparteien abklappern müssen, um den Hundebesitzer zu finden, obwohl wir ihn gar nicht finden wollen

Wir beginnen mit dem Fragen bei Frau Zoltan, der alten Dame von nebenan. Sie schaut erst durch das Guckloch, bevor sie die Tür öffnet.

„Ah, ihr kommt sicher als Sternsinger!", sagt sie. Ohne unsere Antwort abzuwarten, geht sie in die Wohnung zurück und kommt mit Äpfeln und Orangen wieder. „Dafür möchte ich aber auch ein schönes Lied von euch hören."

Ich will schon sagen, das Ganze ist ein Irrtum, doch da fängt Monika zu singen an: „Meine Oma fährt im Hühnerstall Motorrad." Drei Strophen singt sie. Und weil ich nicht einfach nur daneben stehen will, singe ich mit. Dass es kein Sternsingerlied ist, macht gar nichts aus, da Frau Zoltan schwerhörig ist.

„Sehr schön, Kinder! Das hat mir gut gefallen." Dann gibt sie jedem von uns Äpfel und Orangen. Erst jetzt bemerkt sie den Hund. „Ach, ist der lieb! Wie heißt er denn?"

„Franz-Xaver!", kräht Monika.

„Ein ganz Braver? Ja, das glaub ich gern. Ich habe auch einmal einen Hund gehabt. Einen Pudel. Der hieß Ferdinand. Das ist aber schon ewig lang her."

Dann will sie jedem von uns zwanzig Schilling zustecken. Wir wehren erst ab, doch Frau Zoltan drängt uns das Geld förmlich auf. „Nein, nein, nehmt nur! Es kommt vom Herzen. Und ... alles Gute mit dem Hundchen."

Die Äpfel und Orangen lege ich vor unsere Wohnungstür, damit ich sie nicht die ganze Zeit mitschleppen muss. Das Geld stecke ich ein.

Die nächsten zwei Parteien können wir uns schenken. Die eine ist unser Großvater, die andere eine Studentin aus Finnland, die in den Ferien nach Hause geflogen ist.

Wir läuten an der letzten Wohnung in diesem Stockwerk. Gleich darauf hören wir jemanden schimpfen: „Wer weckt mich denn da mitten in der Nacht auf?" Dabei ist es schon halb elf Uhr vormittags. Gleich darauf geht die Tür auf und ein dünner Bursche in Bademantel steht vor uns, mit strubbeligem Haar und einem Ring im Ohr.

„Bitte, gehört dieser Hund Ihnen?", frage ich den Dünnen, der hier zu Besuch sein muss, da ich ihn noch nie gesehen habe.

„Ein Hund? Nein, wirklich nicht! Der würde mich ja noch früher aufwecken als ihr."

„Wer ist es denn?", tönt es aus dem Wohnungsinneren.

Schlagartig vergisst der Dünne seine schlechte Laune und sagt zu uns: „Das ist mein Bruder. Den werde jetzt *ich* aus dem Bett holen." Dabei grinst er breit. Er legt die Hände wie einen Schalltrichter um den Mund und brüllt in die Wohnung hinein: „Speckschwarte! Besuch für dich!"

Nichts rührt sich.

„Na gut! Legen wir eine andere Platte auf!" Der Dünne verstellt seine Stimme und flötet: „Pauli, Liebling! Damenbesuch!"

Da fliegt die Tür am Ende des Vorzimmers auf und ein dicker Kerl in gestreiftem Pyjama stürmt heraus.

„Wo ist sie?", fragt er atemlos.

„Vor deiner Nase!", erwidert der Dünne, noch immer mit verstellter Stimme.

„Sag einmal, bist du noch zu retten?", fährt ihn der Dicke an. „Lockst mich heraus, obwohl kein Mensch da ist?!"

„Na, entschuldige, ist das etwa niemand?", sagt der Dünne und zeigt auf Monika. Dann sagt er in gespieltem Ernst zu seinem Bruder: „Wenn du weiterhin so unhöflich bist in Gegenwart von jungen Damen, wirst du wenig Glück haben mit ihnen."

„Ach, rutsch mir doch den Buckel runter!", schäumt der Dicke und zieht ab. „Und mit so jemandem bin ich verwandt!"

„Mir kommen gleich die Tränen", ruft ihm der Dünne nach und schließt die Tür hinter sich.

„Und wohin jetzt?", fragt Monika. „Hinauf oder hinunter?" „Hinauf!" Ich bin für ein systematisches Vorgehen. „Könntest du ohne mich hinaufgehen und fragen?" Ich verspüre so überhaupt keine Lust, Heiner zu begegnen, der im vierten Stock wohnt.

Monika will erst nicht. Als ich sie endlich dazu überredet habe, hören wir Stimmen von oben. Klingt, als hätte da jemand Streit. Dann sehen wir Heiners Mutter und seinen Stiefvater herunterkommen. Und mit viel Abstand Heiner. Er trägt einen Blumenstrauß in der Hand und wirkt traurig und gedrückt. Ich erkenne ihn nicht wieder. Keine Grimassen! Keine Drohgebärden! Keine dummen Sprüche, die sonst sein Markenzeichen sind, wenn er allein unterwegs ist! Nichts.

Als er an uns vorbeikommt, sieht er den Hund. Ein Lächeln huscht über sein Gesicht. „He?!", sagt er überrascht, drückt mir den Blumenstrauß in die Hand und nimmt ganz sanft den Kopf vom Franz-Xaver zwischen die Hände. „Gehört der euch?"

„Heiner!", fährt sein Stiefvater streng dazwischen. „Lass die Kindereien! Komm jetzt endlich!"

Heiner seufzt und geht mit gesenktem Kopf weiter.

„Die Blumen", rufe ich ihm nach.

Er kommt die paar Schritte zurück, bleibt noch einmal beim Hund stehen und streichelt ihn.

„Heiner, wenn du nicht sofort kommst", droht seine Mutter, „dann ..."

„Ich komme ja schon", sagt Heiner unglücklich, nimmt den Blumenstrauß und folgt den Eltern.

Zum ersten Mal tut mir Heiner Leid. Vielleicht stimmt es wirklich, dass ihn sein Stiefvater ablehnt, wie Opa immer sagt, und dass seine Mutter auch nicht mit ihm klarkommt?

Da reißt mich Monika aus den Gedanken.

„Du, Robbe, ich glaube, der Hund muss mal!", sagt sie. Damit es nicht wieder im Stiegenhaus passiert, nehme ich den Basset und laufe, so schnell ich kann, hinunter.

Wir lassen ihn bei der Hoftür hinaus. Hier ist eine größere Rasenfläche. Es schneit noch immer leicht.

Der Hund erledigt sein Geschäft, läuft dann kreuz und quer

über den Rasen und schnappt nach den Schneeflocken.

„Mir ist kalt", sagt Monika nach einer Weile.

„Mir auch." Wir haben beide nichts Warmes übergezogen.

„Komm, Franz-Xaver!", ruft Monika und lockt ihn ins Haus zurück.

Franz-Xaver! Ich finde, der Name passt überhaupt nicht zu ihm. Ich muss mir da etwas einfallen lassen. Mich nennen ja auch die meisten Robbe, obwohl ich Robert heiße. Halt! Ich hab's. Wir nehmen nur die Anfangsbuchstaben seines Namens. Eff-Ix! Das klingt witzig und passt zu ihm.

Auch Monika gefällt die Namensänderung.

„Eff-Ix?", sagt sie nur. „Super!" Und damit ist die Sache geritzt. Gut, dass wir in entscheidenden Fragen meistens einer Meinung sind!

Wie mir bei Silvias Anblick fast das Herz stehen bleibt

Im Erdgeschoß ist nur die Hausmeisterwohnung, doch Frau Wondraschek gehört der Hund auf keinen Fall. Sonst hätte sie mich doch vorher nicht so herumkommandiert!

„Los! Fragen wir Florian!" Ich laufe schon hinauf in den ersten Stock und läute an seiner Tür. Florian geht in meine Parallelklasse, wie Heiner übrigens auch.

Florians älterer Bruder öffnet, schaut uns finster an und brüllt dann in die Wohnung hinein: „Spatzenhirn! Dein Typ wird verlangt."

Schon kommt Florian angetrabt, wirft seinem Bruder einen giftigen Blick zu und sagt zu mir: „Sei froh, dass du nicht mit so einem Blödmann zusammen wohnen musst ..." Dann bemerkt er den Eff-Ix. „Hast den du bekommen?"

„Nein, gefunden!" Ich erzähle ihm die Vorgeschichte.

„Könntest du dir vorstellen, dass euch jemand einen Hund schenken will, ihn als Überraschung vor eure Tür setzt und dann abzischt?", frage ich und erwarte ein klares Nein.

„Ja, da wüsste ich schon jemanden", sagt Florian. „Meinen Onkel. Der ist Hundezüchter."

„Nein!", ruft Monika erschrocken aus.

„Keine Angst! Mein Onkel hat den Hund sicher nicht hierher gebracht", sagt Florian. „Er lebt nämlich in den U.S.A., in Chicago." Lachend fügt er hinzu: „Oder glaubst du, er hat ihn ferngesteuert?"

Scherzkeks, dieser Florian!

Die Partei nebenan reagiert nicht auf unser Klingeln. Der Briefkasten quillt über vor Reklamematerial. Ich nehme an, die Leute sind verreist.

„Lass mich klopfen!", bettelt Monika, als wir vor der nächsten Wohnung stehen. Hier ist keine Klingel, sondern ein Türklopfer in Form eines Löwenkopfes. Monika greift auch schon nach dem Ring, den der Löwe im Maul hält, und lässt ihn ein paar Mal niedersausen.

Dann hören wir, wie sich von drinnen schlurfende Schritte nähern. „Ich brauche nichts und ich kaufe nichts", sagt eine heisere Männerstimme, ohne die Tür zu öffnen.

„Wir wollten nur fragen", rufe ich hinein, „ob Ihnen dieser Hund ..."

„Nein, ich brauche auch keinen Hund!", unterbricht mich die Stimme und die Schritte entfernen sich wieder.

Kann uns nur recht sein!

Schon wenden wir uns der letzten Wohnung in diesem Stockwerk zu. Da geht die Tür auf und ein paar junge Leute stürmen heraus. Alle in Schidress, zwei mit Snowboard und einer mit Schiern und Stöcken.

Ich versperre ihnen den Weg, hebe den Hund hoch und frage: „Gehört Ihnen ..."

„Wir haben's eilig, Mann!", sagt der mit den Schiern und

schiebt mich zur Seite. „Sonst verpassen wir noch den Zug."

Okay, okay, Leute, war ja bloß eine Frage!

Nun brauchen wir nur noch die Parteien im zweiten Stock zu fragen. Die ersten zwei sind kurz angebunden, kennen den Eff-Ix nicht und mögen auch keine Hunde. Die nächste Wohnung steht leer, wird sichtlich renoviert.

Ich läute an der vorletzten Wohnungstür. Die Leute hier sind erst vor einer Woche eingezogen. Eine Familie mit drei Töchtern, hat Frau Wondraschek zum Großvater gesagt, eine netter als die andere. Da ist sicher eine für Ihren Enkel dabei, hat sie hinzugefügt. So schwachsinnig kann nur die Frau Wondraschek daherreden. Als ob ich mich für Mädchen interessierte!

„M-o-n-d-sch-w-e-i-n", buchstabiert Monika den Namen auf dem Türschild.

„Da steht doch Mondschein, ohne W", berichtige ich sie, muss aber über ihre Version lachen. Schon höre ich mich zu einem unsichtbaren Gegenüber sagen: „Verzeihen Sie, kennen Sie das Mondschwein? Nein? Hier steht es. Es ist meine Schwester."

„Sei nicht so gemein, Robbe", regt sich Monika auf.

Das stachelt mich nur noch mehr an.

„Wer wird sich denn aufregen? Tut das ein Mondschwein?" Ich steigere mich immer mehr hinein. „Grunz grunz!"

Monika findet es überhaupt nicht lustig. Ich dafür umso mehr. Ich kann mich gar nicht mehr einbremsen.

In diesem Augenblick geht die Tür auf, und ein Mädchen mit blondem Wuschelkopf steht vor mir. Ungefähr so groß wie ich, grüne Augen und Sommersprossen und einem Lächeln, meine Herren, ein Lächeln, so zauberhaft, dass ich plötzlich nicht mehr weiß, warum ich hier bin und was ich fragen wollte.

„Ja?" Das Mädchen schaut mich fragend an.

Und ich? Ich krieg kein Wort heraus und die Kinnlade nicht mehr zu. Starre sie nur an, als wäre sie ein Kalb mit drei Köpfen.

„Oh, ist der süß!", ruft sie aus. Sie hat den Eff-Ix entdeckt. Mit zwei Schritten ist sie bei Monika. „Wie heißt er denn? Darf ich ihn streicheln?"

„He, Silvia, was ist los? Spielst du nun mit oder nicht?" Zwei Mädchen sind herausgestürzt, die einander zum Verwechseln ähnlich sehen.

„Komme schon!" Silvia streichelt noch einmal den Eff-Ix, dann reißt sie sich von ihm los. „Tschüss, ihr beiden."

„Tschüss!", sage ich leise. Doch da ist die Tür schon ins Schloss gefallen.

Wie ein Schlafwandler gehe ich hinter Monika her. Ob Silvia sich einmal mit mir treffen würde? Ich könnte ja den Eff-Ix als Köder verwenden.

„Was ist, Robbe? Hast du dich in die Blonde verliebt, oder was?", reißt mich Monika aus den Gedanken. „So klingle schon! Ich hab doch keine Hand frei!"

Die Frau in der letzten Wohnung weicht erschrocken zurück, als sie den Eff-Ix sieht. Sie hat eine Hundehaarallergie und schließt gleich wieder die Tür, um sich zu schützen.

„Jetzt hat der Eff-Ix nur mehr uns auf der Welt", sagt Monika.

„Und wir werden ihm ein schönes Leben machen!", sage ich feierlich. Mit diesem Vorsatz stürmen wir hinauf in den dritten Stock.

Wie Papa UNS klarmacht, dass ihm kein Hund ins Haus kommt und wie der Eff-Ix IHM klarmacht, dass der Hund schon im Haus ist

Aus der Küche hören wir Bastian lautstark „Hamham" rufen und platzen in die mittägliche Fütterungszeremonie unseres Bruders. Er thront auf seinem Hochsitz, mit Latz um den Hals und Rassel in der Hand. Mama sitzt ihm gegenüber und will ihm eben einen Löffel Gemüsebrei in den Mund schieben. Als Bastian uns sieht, gerät er ganz aus dem Häuschen, fuchtelt mit der Rassel und schlägt Mama den Löffel aus der Hand.

„Nicht so wild, Basti!", sagt Mama seufzend und wirft mir einen vorwurfsvollen Blick zu, so als hätte ich seine Hand geführt.

„Warum ist denn der Hund immer noch da?", sagt sie irritiert, als der Eff-Ix den Brei vom Boden aufzulecken beginnt.

„Hamham", schreit Bastian fordernd. „Mama hamham."

Während Mama Bastian weiterfüttert, erzählen wir ihr, wie die Suchaktion gelaufen ist.

„Hallo, ich bin's!", hören wir Papa aus dem Vorzimmer rufen und gehen ihn begrüßen.

Auch der Eff-Ix schießt hinaus und verbellt unseren Vater laut und wild, als wäre der ein Einbrecher.

„Ruhe! Wirst du wohl!" Papa steht hilflos im Vorzimmer und hält seinen Aktenkoffer wie einen Schild zwischen sich und den kläffenden Hund. „Kann mir einer den Kerl vom Leib halten?"

„Eff-Ix, da komm her!", sage ich streng.

Und siehe da, es wirkt. Der Hund knurrt zwar noch, lässt aber Papa in Ruhe und kommt zu mir.

„Warum ist denn der Hund immer noch da?", fragt Papa ungehalten.

„Weil er niemandem gehört", sagt Monika, „und jetzt bei uns bleibt."

„Kommt überhaupt nicht in Frage!", regt sich Papa auf. „Das wäre ja noch schöner."

„Robbe, könntest du, bitte, den Tisch decken?", ruft Mama aus der Küche.

„Warum immer ich?", wehre ich mich.

Warte, ich helfe dir!", sagt Monika und zieht mich mit sich fort.

Da es Zeit ist für Bastians Mittagsschläfchen, legt Mama ihn ins Bett. Während Papa sich in der Küche als Hausmann betätigt, setzt sich Monika schon zu Tisch. Mit dem Eff-Ix auf dem Schoß. Damit keiner etwas davon merkt, deckt sie ihn mit dem herunterhängenden Tischtuch zu. Als Papa dann die dampfende Suppenschüssel auf den Esstisch stellt und Opa die Getränke bringt, kommt Mama aus dem Schlafzimmer und wir sind vollzählig. Ich merke, wie der Eff-Ix unter dem Tischtuch den Kopf auf mein Knie legt und so rücke ich näher an Monika heran.

„Also, dass wir den Hund behalten, das könnt ihr euch gleich aus dem Kopf schlagen", sagt Papa, während er die Suppe verteilt.

„Aber wenn er doch niemandem gehört", wirft Monika ein.

„Natürlich gehört er jemandem! So ein Hund fällt doch nicht einfach vom Himmel", sagt Papa. „Wahrscheinlich ist er ausgerissen."

„Er hat aber keine Hundemarke", sage ich.

„Trotzdem! Ich werde gleich nach dem Essen bei der Polizei anrufen. Sicher sucht ihn sein Besitzer schon", sagt Papa. „Und mit ein bisschen Glück kriegst du sogar einen Finderlohn, Robbe."

„Wie viel?", rutscht es mir heraus.

„Du bist gemein!", zischt mir Monika zu und stößt mir den Ellbogen in die Rippen.

„Au!" Fragen wird man wohl noch dürfen!

„Hört auf, ihr beiden!", sagt Mama, sammelt die leeren Suppenteller ein und will sich erheben.

„Lass nur, Lena! Ich mach das schon!" Papa trägt die Teller hinaus und bringt die Hauptspeise herein.

Oh, Reis mit Huhn und Ananas! Eine meiner Leibspeisen! Da kommt Freude auf!

„Und wenn ihn niemand sucht? Wenn ihn sein Besitzer nur loswerden wollte?", bohrt Monika weiter. „Dann kann er doch bei uns bleiben!"

„Nein, mir kommt kein Hund ins Haus!", sagt Papa.

„Aber er ist doch schon da!", werfe ich ein.

„Was du nicht sagst, du Neunmalkluger!", sagt Papa gereizt. „Und jetzt ... kein Wort mehr darüber!"

Eine Weile essen wir schweigend. Plötzlich hält Papa inne, sieht sich im Zimmer um und fragt: „Wo ist eigentlich der Hund?"

„Da!", piepst Monika.

„Wo?", fragt Papa.

„Na, da halt!" Monika deutet auf ihren Schoß.

„Ein Hund bei Tisch? Das ist doch die Höhe!" Papa springt auf, so heftig, dass sein Sessel nach hinten kippt. Geht um den Tisch herum, streift das Tischtuch weg und nimmt den Eff-Ix an der Nackenfalte hoch. Dann legt er ihn sich auf den Arm und geht mit ihm schnurstracks auf das Fenster zu. Er wird doch nicht ... Da merke ich, dass er ihn zum Heizkörper trägt, der unter dem Fenster ist.

„Das darf doch nicht wahr sein!", schimpft Papa los, dreht sich in Zeitlupe um und sagt zu Mama: „Nun schau dir das an, Lena!" Dabei zeigt er auf sein nasses Hosenbein und den nassen Hemdärmel. Ich fasse es nicht! Der Eff-Ix hat Papa angepinkelt! Ich kriege einen mittleren Lachkrampf. Monika kichert. Der Großvater schmunzelt. Mama verbeißt sich das Lachen, holt ein nasses Tuch und versucht, Papas Hose zu säubern.

„Ich finde das überhaupt nicht zum Lachen", sagt Papa und schnaubt wie ein Walross. Dann geht er aus dem Zimmer, um sich umzuziehen.

Als Papa wieder an seinem Platz sitzt, kommt der Eff-Ix näher, umkreist eine Weile den Tisch und winselt. Erst leise, dann immer lauter.

„Ich glaube, er hat Hunger", sagt Mama, die sich bisher in Sachen Hund auffallend zurückgehalten hat.

„Ich werde ihm etwas zu fressen geben", sagt der Großvater und geht mit dem Hund in die Küche.

Kaum sind die beiden wieder zurück, springt der Eff-Ix gut gelaunt im Zimmer herum und wälzt sich übermütig auf dem Rücken.

„Hat er gefressen?", fragen Monika und ich gleichzeitig.

„Ja, schon", antwortet der Großvater, „aber ...

„Bitte, setz dich, Vater!", sagt Mama. „Ich hole jetzt den Pudding. Vielleicht gelingt es uns, wenigstens den Nachtisch in Ruhe und gemeinsam zu essen."

Kaum ist Mama jedoch in der Küche, hören wir sie schimpfen: „Also, das ist wirklich allerhand!" Im nächsten Augenblick steht sie wie ein Racheengel im Zimmer, zeigt auf die halb leere Puddingschüssel und sagt: „Jetzt möchte ich nur wissen, wer das war? Robbe, du? Monika, du?"

Wir schütteln den Kopf. Wir haben mit der Sache nichts zu tun.

„Du musst entschuldigen, Lena!", sagt der Großvater zerknirscht. „Aber als ich dem Hund etwas zu fressen herrichten wollte, habe ich leider übersehen, dass ..."

„... dass der liebe Hund unseren Pudding gefressen hat", brummt Papa.

Wie sich herausstellt, dass der Eff-Ix doch kein Ausreißer ist

Nach dem Essen ruft Papa bei der Polizei an, um die Sache mit dem Hund ruckzuck, wie er sagt, zu klären. Von ruckzuck kann jedoch überhaupt nicht die Rede sein. Papa wird von einer Abteilung zur anderen weiterverbunden und erklärt jedes Mal von neuem sein Anliegen. Endlich ist er an der richtigen Stelle und erfährt, dass kein Hund gesucht wird, dass kein Hund als abgängig gemeldet ist.

„Das heißt, der Eff-Ix kann bei uns bleiben!", freut sich Monika.

„Na klar, wo soll er denn sonst hin!", sage ich.

„Musst du heute nicht mehr ins Büro, Kurt?", lenkt Mama vom Thema ab.

Papa schaut kurz auf die Uhr. „Oh, oh, höchste Eisenbahn!" Er eilt ins Vorzimmer, um sich fertig zu machen. „Alles Weitere besprechen wir abends", ruft er und ist schon bei der Tür draußen.

Ich weiß zwar nicht, was es da noch zu besprechen gibt. Aber bitte! Besprechen wir halt! Hauptsache, der Eff-Ix bleibt!

Mama zieht sich zurück, um an ihrer Übersetzung weiterzuarbeiten, die bis Mitte des Monats fertig sein soll. Wir räumen mit dem Großvater gemeinsam den Tisch ab und schlichten Teller und Besteck in die Geschirrspülmaschine.

Der Großvater füllt Wasser in eine Schale und stellt sie dem

Eff-Ix hin. Der schlabbert sie im Handumdrehen leer und schaut uns dann erwartungsvoll an.

„Glaubst du, hat er schon wieder Hunger?", frage ich den Großvater. Gleichzeitig fällt mir ein, dass ich noch das Geld in der Tasche habe, das uns Frau Zoltan zugesteckt hat. „Ich könnte schnell runterlaufen und Hundefutter kaufen."

„Im Augenblick hat er genügend im Magen", sagt der Großvater. „Ich schlage vor, wir drehen mit ihm eine Runde und erkundigen uns beim nächsten Tierhändler, welches Futter er für einen Welpen empfiehlt."

„Dann gehen wir heute nicht ins Hallenbad?", frage ich, leicht enttäuscht, weil ich mich schon sehr auf das Schwimmen und Tauchen gefreut habe.

„Du kannst ja mit deiner Silvia gehen", sagt Monika schnippisch. „Wir gehen mit dem Eff-Ix fort."

„Halt die Klappe!", fauche ich sie an. Warum muss sie immer alles gleich ausposaunen! „Ich will ja gar nicht ins Hallenbad."

Der Großvater schaltet die Spülmaschine ein, informiert Mama von unseren Nachmittagsplänen und holt sich aus seiner Wohnung Mantel, Hut und Schuhe. Weil wir keine Leine haben, bindet er dem Eff-Ix einen Gürtel an das Halsband.

Es schneit noch immer. Auf dem Gehsteig bleibt der Schnee bereits liegen, auf der Straße noch nicht. Ein dichter Flockenwirbel hüllt uns augenblicklich ein. Da hält mich nichts mehr. Ich packe Monika an der Hand und wie die wilde Jagd laufen wir mit dem Eff-Ix hinunter zur Kreuzung und weiter zur Tierhandlung am Schottenfeld. Der Großvater ist nicht so schnell unterwegs. Er kann uns jedoch nicht verfehlen. Er braucht nur den Pfotenspuren zu folgen.

In der Tierhandlung kaufen wir Trockenfutter JUNIOR, speziell für Welpen, einen Kauknochen aus Büffelleder und eine Leine.

„Und nun fahren wir noch ein bisschen aus der Stadt hinaus und vergönnen uns und dem Hund einen Auslauf", sagt der Großvater.

Wir holen das Auto aus der Garage und steigen ein. Opa breitet eine alte Decke über den Rücksitz, damit der Eff-Ix mit seinen nassen Pfoten nicht alles schmutzig macht. Dann fahren wir los.

Auf dem Wilhelminenberg liegt schon mehr Schnee als in der Stadt, doch auf der Bobbahn sind immer noch große Erdklumpen und Steine zu sehen.

„Wenn es weiter so schneit, könnt ihr nächstes Wochenende mit Bob und Rodel ausrücken", sagt der Großvater.

Wir gehen ein Stück den Wanderweg entlang. Ich werfe dem Eff-Ix ein paar Schneebälle, die er aus der Luft abzufangen versucht, jedoch meistens verfehlt, und dann aufgeregt im Schnee sucht. Außer uns ist niemand unterwegs.

Auf dem Rückweg halten wir noch vor dem Ottakringer Friedhof, wo unsere Großmutter begraben ist. Der Eff-Ix muss im Auto bleiben, da Hunde nicht in den Friedhof dürfen. Der Großvater kauft beim Gärtner ein 24-Stunden-Licht und dann gehen wir bis zu Großmutters Grab. AMELIE HELLAN ist in den Grabstein gemeißelt. Darunter ihr Geburtsjahr und Sterbejahr. Vor drei Jahren ist sie gestorben, knapp 68 Jahre alt. Ich kann mich noch gut an sie erinnern. Sie war zart und quirlig, einen Kopf kleiner als der Großvater, und roch manchmal nach Äpfeln und Zimt. Sie dachte sich die schönsten Einschlafgeschichten aus. Die von der Katzenkönigin mochte ich besonders gern.

Der Großvater nimmt die leere Plastikhülle des ausgebrannten Lichtes aus der Laterne, zündet das neue an und stellt es hinein. Dann steht er eine lange Weile ganz still da. Die Flocken bleiben auf seinem Mantel liegen. Er ist in Gedanken weit weg.

Nach einer Weile zupft ihn Monika am Ärmel und sagt: „Du, Opa?"

Langsam kehrt er zu uns zurück. „Ja, mein Schatz?"

„Erzählst du mir, was die Oma gesagt hat, als sie mich zum ersten Mal gesehen hat?" Monika steht mit ihrer spitzen Kapuze wie ein kleiner Wichtel vor dem Großvater und schaut zu ihm auf.

„Ja, was hat sie damals gesagt?" Der Großvater tut so, als müsse er langmächtig nachdenken. „Jetzt fällt es mir wieder ein: Was ist denn das für ein süßes Murmelchen, hat sie gesagt. Das kann doch nur unser Mitternachtsmädchen sein."

„Genau das hat sie gesagt", flüstert Monika.

Sie kennt diese Worte zwar nur aus Großvaters Erzählungen, kann sie aber nicht oft genug hören. Ist ja auch etwas Besonderes, wenn man Punkt Mitternacht auf die Welt gekommen ist.

„Und jetzt", sagt Monika und schiebt ihre Hand in die vom Großvater, „jetzt hätte das Mitternachtsmädchen gern eine Himbeerschnitte."

„Ich nehme an, du auch, Robbe", sagt der Großvater.

Keine Frage!

Also verlassen wir den Friedhof und gehen in die nahe gelegene Konditorei auf eine Tasse Kakao und eine Himbeerschnitte. Wir sitzen noch gemütlich beisammen und wärmen uns auf, als mir plötzlich der Eff-Ix einfällt.

„Opa! Der sitzt ja ganz allein im Auto!"

„Ach, herrje, den haben wir völlig vergessen!", sagt der Großvater erschrocken. „Gut, dass du dran gedacht hast, Robbe." Schnell begleicht er die Rechnung. Dann stürzen wir aus dem Lokal und legen im Eilschritt den Weg zum Auto zurück.

Der Eff-Ix begrüßt uns erfreut. Er wirkt kein bisschen unglücklich. Wir sehen auch gleich den Grund dafür. In unserer Abwesenheit hat er in den Sack mit dem Trockenfutter ein hundekopfgroßes Loch gebissen und sich auf diese Weise einen kleinen, aber feinen, Selbstbedienungsladen eingerichtet.

Wie wir in ein Schaumbad der Luxusklasse tauchen und mit unserem Matratzenschiff Kurs auf das Träumeland nehmen

Papa ruft an, dass er Überstunden machen muss. Er arbeitet im Rechenzentrum einer großen Baufirma und da stehen alle Kopf, weil eine Betriebsprüfung stattfinden soll.

Nach dem Abendessen räume ich meine Schultasche ein und schreibe noch schnell die Verbesserung in das Schularbeitsheft, die Frau Schellander schon vor den Weihnachtsferien eingemahnt hat.

Als Mama das Badezimmer aufgeheizt hat, steigen Monika und ich in ein Schaumbad der Luxusklasse und nehmen auch Bastian zu uns in die Wanne.

Monika hält ihn auf dem Schoß, damit er nicht absäuft, und ich sorge für seine Unterhaltung. Ich lege mir eine Schaummütze auf den Kopf, klebe mir einen Schaumbart ins Gesicht und krächze: „Ich bin der Schneemensch von Kakerlakien und fresse kleine Kinder." Dann schiebe ich mich langsam an Bastian heran und reiße den Mund weit auf. „Uuuaah!" Bastian kennt das Spielchen. Dann will er hochgehoben und wieder ins Wasser getaucht werden, was eine kleinere Überschwemmung zur Folge hat.

Wir sind so sehr ins Spielen vertieft, dass wir den Eff-Ix gar nicht bemerken. Auf einmal taucht sein Kopf neben mir auf. Die

Vorderpfoten auf den Badewannenrand gestützt, beginnt er, mir Wasser und Schaum vom Arm abzulecken.

„Ui, das kitzelt!", sage ich und tauche schnell unter. Beim Auftauchen schwappt Wasser aus der Badewanne und trifft genau den Eff-Ix. Augenblicklich geht er in Deckung und verkriecht sich hinter dem Korb mit der Schmutzwäsche.

„Wasserscheu, was?" Ich muss lachen, weil er sichtlich glaubt, ich kann ihn nicht mehr sehen. Nur, weil er mir den Rücken zukehrt.

Mama holt Bastian aus dem Bad und schimpft, weil „alles schwimmt" und die Badematte zum Auswinden ist. Wir versprechen großzügige Aufwaschdienste. Dann dampft sie mit Bastian ab.

Als wir aus dem Bad steigen und uns abtrocknen, wagt sich der Eff-Ix wieder hervor und beginnt, uns Füße und Beine abzulecken. Wir ergreifen lachend die Flucht.

Später, als wir schon im Bett liegen, kommt Mama noch einmal in unser Zimmer.

„Habt ihr mir nicht versprochen, das Badezimmer in Ordnung zu bringen?"

„Wollten wir auch, wirklich!", verteidige ich uns. „Aber dann hat uns der Eff-Ix so gekitzelt, dass wir rausgelaufen sind und ..."
„... und völlig drauf vergessen haben", sagt Monika. „Sollen wir es jetzt machen?"

„Lass gut sein! Ich hab es schon gemacht. Aber das nächste Mal, bitte, keine leeren Versprechungen mehr!", sagt Mama, gibt uns einen Gute-Nacht-Kuss und geht zur Tür.

„Darf der Eff-Ix in unserem Zimmer schlafen?", fragt Monika.

„Meinetwegen! Aber nicht in deinem Bett!", sagt Mama, holt die Hundedecke und legt sie neben Monikas Bett. „Vorher muss ich allerdings noch einmal mit ihm hinuntergehen."

„Soll ich ...?", frage ich.

„Nein, nein! Eine kleine Runde an der frischen Luft tut mir sicher gut", sagt Mama. „Ich bin heute noch gar nicht draußen gewesen."

„Würdest du den Hund gern behalten, Mama?", frage ich.

Mama zögert einen Augenblick. „Eigentlich schon! Aber ihr wisst ja, dass Papa keinen möchte. Aus verschiedenen Gründen. Einer davon ist, dass er als Kind einmal von einem Hund gebissen wurde." Sie dreht das Licht im Zimmer ab. „Und jetzt noch einmal: Gute Nacht, ihr beiden!"

Sie lässt die Tür einen Spalt offen und nach einer Weile hören wir, dass sie den Eff-Ix ruft und mit ihm die Wohnung verlässt.

Ich knipse meine Bettlampe an und lese weiter in dem Buch, das ich zu Weihnachten bekommen habe. In „Moby Dick". Monika steht noch einmal auf, holt sich ein paar Stofftiere ins Bett und singt ihnen ein Schlaflied. Ziemlich laut.

„Kannst du nicht leiser singen?", schnauze ich sie an, weil mich ihre Singerei beim Lesen stört.

„Können tu ich schon, aber wollen tu ich nicht!"

Bockig sein kann ich auch! Also lese ich ganz einfach laut weiter: „Es war an einem schwülen Nachmittag, der Himmel verhangen. Die Matrosen lungerten träge an Deck herum oder starrten gelangweilt auf die bleifarbene See. Quiqueg und ich ..."

„Wer ist Quiqueg?", will Monika wissen.

„Sag ich dir nicht!"

„Ich höre auch sofort zu singen auf."

„Ein gefährlicher Bursche ist das! Ein Harpunier, der auf einem Segelschiff anheuert, dessen Kapitän Ahab heißt und auf der Jagd nach dem weißen Wal ist."

Nun gehen die Fragen erst richtig los. Was ein Harpunier ist und worum es in der Geschichte geht und wer Kapitän Ahab ist und so weiter. Das habe ich nun davon!

„Hör zu! Ich erzähl dir den Anfang der Geschichte, aber lass mich erst dieses Kapitel zu Ende lesen."

„Du kannst noch lesen, bis der Eff-Ix zurückkommt", sagt Monika, „und dann bauen wir aus den Matratzen unser eigenes Schiff."

Nach einer Viertelstunde kommt Mama zurück und bringt den Eff-Ix in unser Zimmer. Kaum hat sie sich wieder entfernt, treten wir in Aktion.

Wir zerren die zwei Matratzen, die nur für Besucher gedacht sind, hinter dem Schrank hervor und legen sie mitten im Zimmer auf. Dann holen wir unser Bettzeug und legen die Hundedecke ans Fußende.

„Hopp!", sage ich zum Eff-Ix und deute auf die Decke. Ganz vorsichtig setzt er einen Fuß auf die Matratze, dann den anderen. Seine Decke interessiert ihn herzlich wenig. Er hat es auf Moni-

kas Daunendecke abgesehen. Hier lässt er sich mit einem wohligen Seufzer nieder.

„Das ist so kuschelig hier!", sagt Monika. „Und jetzt, bitte, die Geschichte!

Ich erzähle ihr vom Matrosen Ismael, der sich in den Kopf gesetzt hat, auf Walfang zu gehen. Und wie dieser Ismael in einem Gasthaus Quiqueg kennen lernt, einen Harpunier, der von Kopf bis Fuß tätowiert ist, vor dem er sich erst schrecklich fürchtet, der aber dann sein Freund wird und mit dem er auf einem Großsegler anheuert.

Ich schaue kurz auf. Ein leises Schnarchen hat mich aus der Geschichte gerissen. Meine zwei Mann an Bord, von denen einer ein Mädchen ist und der andere ein Hund, sind eingeschlafen und liegen eingerollt neben mir und schnarchen sich eins.

Erst jetzt merke ich, dass auch ich hundemüde bin. Ich strecke mich neben den zwei Rollmöpsen aus und spüre, dass unser Schiff bereits Kurs auf das Träumeland nimmt.

Wie Papa den Eff-Ix ins Tierheim abschieben will und wie Tante Sophie seinen Plan durchkreuzt

Ich wache um acht Uhr auf und finde mich allein auf dem Matratzenschiff wieder. Wenn Monika nur auf dem Klo ist, wird sie bald wieder kommen. Sie kommt aber nicht. Das heißt, sie ist zu den Eltern hinübergewandert, um bei ihnen weiterzuschlafen.

Und der Eff-Ix? Ist der am Ende auch hinübergelaufen? Die Neugier treibt mich aus dem Bett. Die Tür zum elterlichen Schlafzimmer steht halb offen. Bastian schläft im Gitterbett. Monika liegt, wie erwartet, zwischen den Eltern – und zu ihren Füßen der Eff-Ix. Der traut sich was!

Ich gehe ins Wohnzimmer und suche den Christbaum nach Süßigkeiten ab. Viel ist nicht mehr da. Ich schnappe mir einen Nougatwürfel und lasse ihn mir genüsslich auf der Zunge zergehen. Da fällt mein Blick auf die Figuren in der Weihnachtskrippe. Warum steht der Josef bei den Hirten? Was hat der Ochs neben dem Lamm zu suchen? Das ist wieder einmal typisch Monika! Immer verstellt sie die Figuren.

Da heute der 6. Januar ist, das Fest der Heiligen Drei Könige, hole ich die Kamele und Könige aus dem Karton und stelle sie neben den Hirten auf. Die drei Gabenteller fülle ich mit Erdnüssen, Mandelsplittern und Pinienkernen.

Noch immer schlafen alle. Nicht einmal Bastian muckst sich.

Gehe ich also wieder ins Kinderzimmer. Werfe Decke und Kissen auf mein Stockbett, klettere die Leiter hinauf und schlafe noch eine Runde.

Bastians Gebrüll und Monikas Geheul wecken mich eine Stunde später wieder auf. Ich klettere aus dem Bett, um zu schauen, was passiert ist.

Die Eltern sitzen beim Frühstück, beide noch im Morgenmantel. Mama hat Bastian auf dem Schoß und redet beruhigend auf ihn ein: „Ist ja gleich wieder gut!" Sie streichelt ihm den Kopf.

Monika sitzt auf dem Sofa und schluchzt.

„Was ist denn los?" Ich setze mich an den Tisch. Keiner antwortet. Nur der Eff-Ix legt den Kopf auf mein Knie und schaut mich beschwörend an. Ich will ihm eben ein Stück Toast geben, als Papa dazwischenfährt: „Lass das, Robbe!"

„Ich wollte ihm doch nur ..."

„Dreht sich denn alles nur mehr um diesen Hund?", braust Papa auf. „Nein, nein, meine Lieben, der muss aus dem Haus! Und zwar heute noch. *Eine* schlaflose Nacht reicht mir vollauf."

„Der Eff-Ix hat sich doch überhaupt nicht gemuckst", werfe ich ein. „Stimmt's, Monika?"

„Stimmt!", sagt sie mit tränenerstickter Stimme.

Dann erzählt Mama, dass Monika gegen Mitternacht zu ihnen ins Bett gekrochen ist und der Eff-Ix das Gleiche im Sinn hatte. Weil ihm das aber keiner erlaubt hat, ist er ruhelos im Zimmer herumgegangen oder hat sich vor das Bett gelegt und gewinselt. Und ist erst in der Früh eingeschlafen.

„Und wir mit ihm", knurrt Papa. Er erhebt sich. „Wie auch immer, ich rufe jetzt das Tierheim an und bringe ihn dann höchstpersönlich hin."

„Du kannst ihn doch nicht einfach so abschieben!", sage ich. „Gib ihm eine Chance!"

„Er hatte seine Chance. Letzte Nacht. Und die hat er nicht genützt!", sagt Papa, während er im Telefonbuch blättert, um die Nummer des Tierheimes herauszusuchen.

„Das ist unfair! Echt unfair! Nur weil du keinen Hund willst!", rege ich mich auf.

Papa hat bereits die Nummer gewählt. „Sag einmal, wie redest du mit deinem Vater?", sagt er und schaut mich entgeistert an. Da scheint sich am anderen Ende der Leitung jemand zu melden. „Hallo? Mein Name ist Frankenberg. Uns ist gestern ein Hund zugelaufen und den wollte ich zu Ihnen ..." Papa hält inne. Dann legt er verärgert auf. „Mist! Das war nur ein Tonband."

Am Nachmittag sind wir bei Tante Sophie eingeladen. Sie wohnt am Semmering, eine gute Autostunde von Wien entfernt. Papa liebt Tante Sophie über alles. Sie war es, die ihn nach dem tödlichen Unfall seiner Eltern an Kindes statt bei sich aufgenommen hat. Da war er erst neun Jahre alt. So alt wie ich jetzt.

Der Großvater erwartet Besuch von Anatol Heidenreich, seinem Freund und Schachpartner, und bietet den Eltern an, den Eff-Ix zu hüten, bis wir wieder zurück sind.

Wir fahren gegen zwei Uhr los, halten jedoch noch kurz am

Westbahnhof, weil Papa für Tante Sophie Blumen kaufen will. Bastian ist bereits nach zehn Minuten Fahrt über die Südautobahn eingeschlafen. Auch mir fallen immer wieder die Augen zu, weil die Sonne beim Fenster hereinbrennt und das Auto gleichmäßig dahinschaukelt.

Bei der ersten Kehre auf dem Semmering wache ich auf. Von der dritten Kehre aus sieht man schon das Giebeltürmchen von Tante Sophies Haus.

„Und, bitte, benehmt euch!", schärft Papa uns noch im Auto ein. Nur weil wir letztes Jahr beim Versteckenspielen auf der Veranda eine Bodenvase zerbrochen haben! Papa war damals sehr böse auf uns, weil es sich um irgendein Erbstück gehandelt hat. Tante Sophie hat jedoch nur gesagt: „Davon geht die Welt nicht unter! Ein Staubfänger weniger – das ist zu verkraften."

Tante Sophie erwartet uns bereits. „Willkommen! Wie schön, euch wieder zu sehen!"

Der Jausentisch ist festlich gedeckt. Es gibt Kaffe für die Eltern, Kakao für uns, dazu Kuchen und Weihnachtsbäckerei. Ich greife bei den Zimtsternen und Ingwerplätzchen gleich tüchtig zu, bis mir Mama zuraunt: „Brems dich ein, Robbe!"

Irgendwann später blättert Monika in einem Fotoalbum und ruft plötzlich: „Jö, schau, Robbe, der sieht aus wie der Eff-Ix!"

„Ist das ein Freund von dir?", fragt Tante Sophie.

„Nein, unser Hund heißt so!"

„Was denn? Ihr habt einen Hund? Und das erfahre ich erst jetzt?" Tante Sophie blickt Papa erstaunt an. „Wie oft habe ich mir schon gedacht, dass ihr euch einen Hund anschaffen solltet. Allein schon wegen der Kinder."

„Also, der Hund", sagt Papa, „der gehört gar nicht uns."

„Ach so, nur ein Pflegehund! Aber warum habt ihr ihn nicht mitgenommen? Er hätte doch mit den Kindern im Garten herumlaufen können." Nach einer Pause fragt sie: „Was für ein Hund ist es denn?"

„Ein junger Basset."

„Ist der öfter bei euch?"

„Nein, nein, ich hoffe nicht!", sagt Papa irritiert und Mama erzählt Tante Sophie, wie der Eff-Ix zu uns gekommen ist.

„Und ich habe nicht die Absicht, ihn zu behalten!", sagt Papa mit Nachdruck. „Ein Hund in einer Stadtwohnung ist doch eine Schnapsidee!"

„Willst du ihn vielleicht auch vor die Tür setzen?"

„Nein, natürlich nicht!", lenkt Papa ein. „Ich bringe ihn morgen ins Tierheim. Das ist alles!"

„So! Das ist alles!" Tante Sophie holt tief Luft. „Einen kleinen herrenlosen Hund einfach abschieben! Nein, wirklich, Kurt, das hätte ich nicht von dir gedacht. Der arme Hund!"

„Von wegen armer Hund!", wehrt sich Papa. „Der hat die ganze Nacht gewinselt und uns kaum schlafen lassen."

„Ach, das kenne ich!", sagt Tante Sophie, „das hat mein Cäsar auch gemacht." Die Lösung war dann ein alter Wecker, den sie in ein Handtuch gewickelt und neben den Schlafplatz des Boxerwelpen gelegt hat. „Bei dem gleichmäßigen Ticken schläft selbst der ausdauerndste Winsler ein." Sie erhebt sich und zieht eine Lade der Kommode auf. „Hier. Das ist der alte Wecker. Ihr könnt ihn gern mitnehmen. Ich werde euch auch Cäsars Korb mitgeben und seinen Fress- und Wassernapf."

„Ja, aber ..." Papa fühlt sich völlig überrollt.

„Wenn du den Hund wirklich nicht behalten willst, Kurt, dann mach dir doch wenigstens die Mühe und finde einen guten Pflegeplatz für ihn", redet ihm Tante Sophie ins Gewissen. „Und bis so ein Platz gefunden ist, werdet ihr die Sachen gut brauchen können."

Als dann Bastian aufwacht, dreht sich eine Weile alles um ihn. Monika und ich nützen die Zeit bis zur Abfahrt und laufen in den Garten hinunter, bauen einen Schneemann und machen zum Schluss noch eine Schneeballschlacht.

Wieder in Wien angelangt, kommt der Großvater mit Onkel Anataol und dem Eff-Ix zu uns herüber. Ich stelle eben den Hundekorb zur Heizung und breite die Decke hinein, als ich Großvaters Blick auf mir spüre.

„Der Eff-Ix kommt doch nicht ins Tierheim", sage ich und erzähle dem Großvater von Tante Sophies Gegenvorschlag.

Dann setzen wir uns alle im Wohnzimmer zusammen und Papa zündet ein letztes Mal die Kerzen auf dem Christbaum an, weil der Baum am nächsten Tag abgeräumt wird. Während Monika ein Lied auf der Blockflöte spielt, sehe ich, dass sich der Eff-Ix unter den Christbaum legt, genau dorthin, wo noch ein Marzipanring hängt. Wir singen: „Die Heiligen Drei Könige mit ihrem Stern, die essen und trinken und bezahlen nicht gern ..."

An genau dieser Stelle merke ich, dass der Christbaum zu wanken beginnt. Mit einem Sprung bin ich dort und halte ihn fest. Und sehe gerade noch, wie der Eff-Ix mit dem Marzipanring im Maul aus dem Zimmer schleicht. Dass er auch die Gabenteller der Könige leer gefressen hat, wundert mich schon nicht mehr.

Wie Silvia in der Parallelklasse landet und wie wir mit dem Eff-Ix zur Tierärztin gehen

Kaum sind die Weihnachtsferien vorbei, beginnt auch schon wieder der morgendliche Kampf ums Badezimmer.

Papa ist spät dran fürs Büro und frühstückt im Stehen. Trotz aller Hektik schärft er mir noch einmal ein, mich unter meinen Mitschülern in Sachen Pflegeplatz umzuhören. Ich denke jedoch nicht im Traum daran, jemanden zu fragen. *Ich* will den Eff-Ix ja nicht loswerden!

Um halb acht kommt der Großvater herüber. Er hat gestern Abend angeboten, den Eff-Ix jeden Vormittag zu übernehmen, damit Mama entlastet ist.

„Bring du mich in die Schule, Opa!", bettelt Monika. „Dann kann ich meinen Freundinnen gleich den Eff-Ix zeigen."

Mir ist es nur recht. dass ich sie einmal nicht mitnehmen muss. Wegen ihres Schneckentempos bin ich schon ein paar Mal zu spät in die Schule gekommen. Außerdem möchte ich heute Silvia abpassen.

„Na gut, dann gehen wir los!", sagt der Großvater zu Monika, nimmt den Eff-Ix an die Leine und verlässt mit den beiden die Wohnung.

Gleich nach Papa bin auch ich bei der Tür draußen und warte vor dem Haus auf Silvia. Es ist klirrend kalt. Ich ziehe mir die Mütze in die Stirn und stecke das Gesicht in den Schal, sodass nur mehr meine Augen herausschauen. Endlich geht das Haustor auf und Florian kommt heraus. Dicht gefolgt von Silvia, ihren Schwestern und einer Frau. Wahrscheinlich ihre Mutter.

„Wartest du auf mich?", fragt Florian.

„Na klar, was denkst du denn?", antworte ich, suche jedoch Silvias Blick. Sie beachtet mich gar nicht und überquert mit den anderen die Straße. Ich schaue ihr enttäuscht nach.

„Kennst du die?", fragt Florian.

„Nur flüchtig. Mondschein heißen die. Meine Schwester hat geglaubt, sie heißen MONDSCHWEIN."

Ich bereue augenblicklich, dass ich das gesagt habe. Aber es ist zu spät! „Mondschwein?" Florian wiederholt den Namen und lacht sich einen Ast. „Das ist gut. Das muss ich mir merken."

Schon kommen uns Matthis und Jens aus meiner Klasse entgegen.

„He, Robbe, wir haben deinen Hund gesehen. Kann man den einmal ausleihen?"

Vormittags ist der Eff-Ix das Hauptgespräch. Die Hundebesitzer in meiner Klasse geben mir gute Tipps, welche Kunststücke ich ihm beibringen könnte. Unsere Lehrerin schlägt sogar vor, dass ich ihn einmal mitbringe und ein kleines Referat über ihn halte. Nur ganz nebenbei erwähnt sie, dass ich mir dadurch meine Deutschnote verbessern könnte. Kleiner Seitenhieb auf meine schlechte Rechtschreibung!

In der großen Pause kommt Florian im Schulhof auf mich zugelaufen. „Du, Robbe, eines von den Mondschweinen ist jetzt in unserer Klasse!" Er grinst viel sagend. „Silvia heißt die Süße!"

Der spielt sich auf, als wäre sie *seine* Freundin!

Das macht mich richtig wütend! Deshalb vergönne ich es ihm auch, dass ihn ein paar Mitschüler gleich darauf in eine Balgerei verwickeln und ihm eine Abreibung verpassen.

Da wir nicht wissen, ob der Eff-Ix bereits seine Schutzimpfungen bekommen hat und entwurmt ist, drängt Mama darauf, ihn untersuchen zu lassen. Der Großvater findet im Telefonbuch eine Tierärztin in unserer Nähe, die an diesem Nachmittag ordiniert, und macht sich auch gleich mit dem Eff-Ix auf den Weg. Monika und ich begleiten ihn.

Die Tierärztin heißt Dr. Monika Frank und Monika ist ganz stolz, ihren eigenen Vornamen auf dem Messingschild über der Arztpraxis zu lesen. Ich führe den Eff-Ix an der Leine. Er betritt nur widerwillig das Wartezimmer. Hier sitzen schon eine Frau mit einer Katze, ein älteres Mädchen mit einem Meerschweinchen und ein Mann mit einer Dogge. Der Eff-Ix verkriecht sich zitternd unter meinen Stuhl.

„Der Nächste, bitte!" Eine dunkelhaarige Frau im weißen Arztkittel steht in der Tür.

Das Mädchen mit dem Meerschweinchen erhebt sich und folgt der Ärztin in die Ordination.

„Was fehlt denn Ihrer Katze?", fragt der Großvater die Frau neben uns.

„Ja, wenn ich das wüsste!", klagt die Frau. „Seit zwei Tagen frisst sie nichts mehr. Ich mach mir solche Sorgen!" Nun wird auch sie aufgerufen.

„Opa, bitte frag den Mann, was der Dogge fehlt", flüstert Monika dem Großvater ins Ohr, laut genug, dass es jeder hören kann.

„Rippenprellung", antwortet der Mann. „Autounfall." Er tätschelt der Dogge den Kopf. Sie zittert genauso stark wie der Eff-Ix.

Ich blättere in einer Zeitschrift und finde einen Artikel über Partnerhunde, die behinderten Menschen helfen können, ihr Leben besser zu meistern. Ich bin so ins Lesen vertieft, dass ich gar nicht merke, dass wir schon dran kommen.

„Komm, Sportsfreund!", sagt der Großvater zu mir und wir betreten die Ordination.

„Hat Ihr Hund irgendwelche Beschwerden?", fragt die Tierärztin nach der Begrüßung.

Der Großvater verneint, stellt den Eff-Ix auf den Behandlungstisch und erzählt die Vorgeschichte. Die Ärztin hört genau zu und krault den Eff-Ix. Er schaut sie unglücklich an und zittert weiter.

„Es ist jedes Jahr das Gleiche", sagt die Ärztin, die mich ein bisschen an Mama erinnert. „Da wünschen sich viele Leute zu Weihnachten einen Hund und zwei Wochen später ist er ihnen lästig und sie setzen ihn aus. Oder geben ihn im Tierheim ab. Es ist wirklich ein Jammer."

Dann untersucht sie den Eff-Ix gründlich. „Ein Glück, dass er bei Ihnen gelandet ist", sagt sie und lächelt uns an. „Ich werde ihm jetzt etwas Blut abnehmen und im Labor prüfen lassen, ob er schon seine Schutzimpfungen bekommen hat."

Die Tierärztin rasiert dem Eff-Ix etwas Fell vom rechten Vorderbein ab, sticht mit einer Nadel in seine Vene und fängt das Blut in einem Glasröhrchen auf. Monika hat sich abgewandt. Sie kann kein Blut sehen. Nach einer gründlichen Untersuchung darf der Eff-Ix wieder vom Behandlungstisch herunter.

Dann bittet uns die Ärztin in den Nebenraum, wo sie dem Eff-Ix als Belohnung für ausgestandene Ängste ein paar Hundekekse verfüttert und eine Karteikarte für ihn ausstellt.

„Name des Hundes?"

„Franz-Xaver", sagt der Großvater. „Die Kinder nennen ihn Eff-Ix."

„Alter?" Wir haben keine Ahnung. Die Ärztin schätzt sein Alter auf vier bis fünf Monate.

„Name des Hundehalters?"

Der Großvater räuspert sich. Wird er jetzt sagen, dass wir den Hund auch nicht behalten werden?

„Hermann Hellan", sage ich, „das ist unser Großvater. Er ist der beste Hundehalter, den es gibt." Dann gebe ich noch seine und unsere Telefonnummer an, nehme den Eff-Ix an die Leine und bin abmarschbereit.

„So einen Assistenten wie dich könnte ich gut brauchen", sagt die Tierärztin und fragt mich nach meinem Namen. Dann wendet sie sich wieder an den Großvater: „Ich gebe Ihnen Tabletten für den Eff-Ix mit, als Vorbeugung gegen Würmer, und rufe Sie an, sobald die Laborergebnisse da sind."

Der Großvater zahlt die Rechnung und wir verabschieden uns. Der Eff-Ix zieht beim Hinausgehen so kräftig an der Leine, dass sie mir zweimal auskommt.

„Ich ein guter Tierhalter?", sagt der Großvater, als wir wieder auf der Straße stehen. „Da muss ich noch ganz schön dazulernen." Dann legt er mir den Arm um die Schultern und nimmt Monika an der Hand.

„Ich glaube, ich werde auch einmal Tierärztin", sagt Monika.

„Du wolltest doch Krankenschwester werden!", erinnere ich sie. Seit ihrer Blinddarmoperation vor einem Jahr ist das ihr erklärter Berufswunsch.

„Ab heute will ich Tierärztin werden."

„Du kannst doch kein Blut sehen!", sage ich.

„Dann nehme ich dich als meinen Assistenten und die Blutsachen machst alle du!"

„Was gibt's Neues, Lena?", fragt Papa, als er nach Hause kommt. „Haben wir schon einen Abnehmer für den Hund?"

Nach einem kurzen Begrüßungsgebell hat sich der Eff-Ix sofort zurückgezogen. Kaum betritt Papa das Wohnzimmer, liegt der Eff-Ix wie der artigste Hund der Welt in seinem Korb und zeigt, dass er auch anders kann.

„So ist es brav!", lobt ihn Papa.

Im nächsten Augenblick verlässt der Eff-Ix sein Lager, holt aus irgendeinem Winkel in der Wohnung seinen Ball und legt ihn direkt vor Papas Füße. Papa ignoriert ihn. Der Eff-Ix bellt fordernd, stupst den Ball noch näher vor Papas Füße und wartet schwanzwedelnd, dass endlich etwas geschieht.

„Der wird doch nicht im Ernst glauben, dass ich mit ihm spiele?", sagt Papa. Als aber gleich darauf Bastian angekrabbelt kommt und den angesabberten Ball anpeilt, stößt Papa den Ball mit dem Fuß weg. Der Eff-Ix rast dem Ball nach und will das Spielchen wiederholen.

„Nur noch einmal!", sagt Papa, nimmt Bastian auf den Arm und lässt den Ball ins Vorzimmer rollen. Der Eff-Ix bricht dann selbst das Spiel ab, weil es aus der Küche deutliche Hinweise auf Futter gibt.

Beim Abendessen erzählen die Eltern, dass sie untertags alle möglichen Freunde und Bekannten kontaktiert haben, um einen Pflegeplatz für den Eff-Ix zu finden. Bisher ohne Erfolg! Die einen sind beruflich viel unterwegs, die anderen mögen prinzipiell keine Tiere im Haus. Papas Bürokollegen müssen sich erst mit ihren Familien beraten.

„Und was gibt's bei euch Neues?", wendet sich Papa an uns und erwartet, dass wir beim Thema bleiben.

„Ich werde ein Referat über Bassets halten und den Eff-Ix mit in die Schule nehmen." Ich erwähne natürlich auch die Aussicht auf eine bessere Deutschnote. Papa liebt solche Mitteilungen.

„Und ich werde Tierärztin!" sagt Monika feierlich. „Dann behandle ich den Eff-Ix und verlange kein Geld vom Hermann Hellan."

„Hermann!", ruft Papa aus. „Den könnten wir doch fragen!"

„Hermann?", wiederholt Mama den Namen ihres Bruders. „Bist du sicher, du willst den Hund bei ihm unterbringen?"

„Naja, wenn wir keinen anderen Platz finden", sagt Papa, der Onkel Hermann nicht besonders schätzt. „Fragen kannst du ihn ja."

Vor dem Schlafengehen will ich noch meine Turnsachen einpacken, finde jedoch nirgends meinen zweiten Turnschuh. Das gibt's doch nicht! Ich bin zwar nicht sehr ordentlich, aber meine Sachen finde ich immer auf Anhieb. Zumindest fast immer! Ich stelle das ganze Kinderzimmer auf den Kopf. Nichts!

Ich will eben Monika bitten, mir beim Suchen zu helfen, da

finde ich den Turnschuh im Hundekorb. Der Eff-Ix hat ihn gerade in Arbeit. Er hält ihn mit den Vorderpfoten fest und knabbert hingebungsvoll den oberen Rand des Schuhes ab.

Wie ich aus Heiner einfach nicht schlau werde und wie ihn der Großvater in Schutz nimmt

Es hat die ganze Nacht geschneit. Und schneit immer noch. Auf dem Weg zur Schule beschließen Florian und ich, nachmittags mit unseren Bobs auf den Wilhelminenberg zu fahren, um die Bobbahn zu testen.

Ein Schneepflug fährt polternd an uns vorbei. Vor unserer Schule schaufelt der Schulwart mit einem Helfer den Schnee vom Gehsteig und schimpft lautstark über die viele Arbeit und die Kinder, die ihm das Leben schwer machen.

Der Großvater hat Monika bereits in der Schule abgeliefert und kommt mit dem Eff-Ix daher. Der Schulwart achtet nicht auf den Hund und begräbt ihn fast unter einer Schneeladung.

„Können Sie nicht aufpassen?", sagt der Großvater.

„Tschuldigung!", brummt der Schulwart. Kaum ist der Großvater außer Hörweite, schimpft er weiter, nun auch über Hunde und Hundebesitzer.

An diesem Tag geht es in der Schule drunter und drüber. Viele Kinder und Lehrer sind durch das Schneechaos im Verkehr stecken geblieben und kommen erst mit großer Verspätung zum Unterricht. Auch Frau Schellander, unsere Lehrerin.

In der ersten Stunde sind wir uns selbst überlassen. Es ist schrecklich laut in der Klasse, sodass der Direktor ein paar Mal herüberkommt und uns niederbrüllt. Dann gibt er uns ein paar

Rechenaufgaben, die wir in seiner Abwesenheit lösen sollen. Kaum ist er in seiner Kanzlei verschwunden, geht der Krach wieder los. Ich glaube, der Schnee macht uns alle ganz kribbelig. Nur Manu, unser Rechengenie, steht an der Tafel und rechnet ruhig und konzentriert alle Aufgaben aus, die wir dann nur noch abschreiben müssen.

In der zweiten Stunde werden wir mit der Parallelklasse zusammengespannt und haben Turnen. Unser Turnlehrer lässt uns Völkerball spielen und greift nur ein, wenn es gar zu wild zugeht. Florian und ich sind in der gleichen Gruppe. Silvia ist in der anderen Gruppe, leider auch Heiner. Florian will ihn ein paar Mal abschießen, zielt jedoch jedes Mal daneben und scheidet selber bald aus. Heiner saust wie ein geölter Blitz von einer Seite zur anderen, wird aber auch schnell abgeschossen. Silvia hält sich genau so gut wie ich. Sie duckt sich oder weicht aus, wenn scharfe Schüsse kommen, oder fängt den Ball aus der Luft ab. Da wir beide gut zielen, schrumpfen unsere Mannschaften immer mehr zusammen, bis nur mehr wir zwei übrig sind. Jeder hat noch ein Leben.

„Hoppauf!", feuern uns die anderen an.

Ich bin schon völlig außer Atem. Da schießt Silvia. Ich versuche, den Ball zu fangen. Er rutscht mir jedoch zwischen den Händen durch. Und das war's dann.

„Gratuliere, Silvi!", sagt der Turnlehrer und zu mir: „Hast dich gut geschlagen, Robbe."

In diesem Augenblick flippt Heiner plötzlich aus. „Wir haben gewonnen! Wir haben die lahmen Enten der 4a besiegt."

Er stimmt ein Triumphgeheul an und klettert mit affenartiger Geschwindigkeit auf die Sprossenwand hinauf.

„Komm herunter, Heiner!", sagt der Turnlehrer. Er ist der Einzige, von dem sich Heiner etwas sagen lässt. „Ich warte."

„Der ist ja total übergeschnappt!", sagt Florian und tippt sich an die Stirn.

Heiner klettert die Sprossen herunter und dreht sich zu uns um. Er scheint ein Echo auf seine Show zu erwarten, doch das kommt nicht. Enttäuscht lässt er sich auf den Boden fallen und vergräbt den Kopf in den Armen.

Das Pausenläuten beendet die Turnstunde. Wir laufen in die Garderobe und ziehen uns um. Heiner sitzt wie ein geprügelter Hund in der Ecke und stiert vor sich hin.

In der Zwischenzeit ist Frau Schellander eingetroffen. Völlig ausgefroren, weil die Heizung in ihrem Auto ausgefallen war. Und wir sind irgendwie froh, dass alles wieder seinen gewohnten Gang nimmt.

Als ich mittags von der Schule nach Hause komme, stehe ich vor der verschlossenen Tür. Ich klingle beim Großvater und höre auch schon den Eff-Ix bellen. Monika öffnet mir.

„Ist Mama nicht da?"

„Die trifft sich mit Papa in der Stadt", sagt Monika.

„Und der Bastian?"

„Der schläft auf Opas Bett."

Ich ziehe Stiefel und Anorak aus und bin schon in der Küche. Es gibt Kaiserschmarrn und Zwetschkenröster. Ich nehme mir eine große Portion und erzähle von Heiners Auftritt.

„Der Heiner ist ein armer Kerl!", sagt der Großvater. „Ich kenne ihn schon von klein auf. Auf dem hacken immer alle herum. Nichts kann er seiner Mutter und dem Stiefvater recht machen."

„Und sein Vater?"

„Der ist im Ausland und kommt nur selten auf Besuch. Dabei hängt der Heiner so an ihm", sagt der Großvater. „Ist ja traurig, dass er auch in der Schule keine Freunde findet."

„Der sucht doch gar keine Freunde!", sage ich.

„Da wäre ich mir nicht so sicher", antwortet der Großvater.

Nach dem Essen blättere ich in dem Buch ALLES ÜBER DEN BASSET, das der Großvater vormittags gekauft hat. Ich sehe mir erst alle Bilder an und beginne dann drin zu lesen.

„Hör dir das an, Opa! Der Basset ist vom Charakter her ruhig und anhänglich, aber auch eigensinnig und ungehorsam."

„Lies weiter vor!"

„Der Basset ist meist dreifarbig – schwarz, weiß und dunkelorangefarben – und erreicht eine Schulterhöhe von bis zu 38 cm. Er hat einen mittelbreiten Schädel, braune Augen, lange, hängende, geschmeidige Ohren, eine breite, tiefe Brust und einen starken geraden Rücken. Seine Beine sind kurz, mit schweren Knochen, die Vorderbeine leicht nach innen gebogen, die Pfoten schwer, der Schwanz ist lang, das Haar kurz und glatt."

Da fällt mir plötzlich auf, dass ich den Eff-Ix seit meiner Ankunft nicht mehr gesehen habe. „Wo ist er eigentlich?"

„Wer?"

„Der Eff-Ix!"

„Der bewacht sicher den Bastian", sagt Monika.

Ich springe auf und sehe in Opas Schlafzimmer nach. Und da liegen Bastian und der Eff-Ix einträchtig nebeneinander auf Opas Bett.

Der Eff-Ix hebt nur kurz den Kopf, als er uns kommen hört und schenkt uns einen Blick, als wollte er sagen: Wir möchten jetzt, bitte, nicht gestört werden!

Mit dem Bobfahren wird es leider nichts, weil Florian zur Zahnspangenkontrolle muss. So verschieben wir unser Vorhaben auf Samstag.

Ich mache meine Aufgaben beim Großvater und gehe dann in unsere Wohnung hinüber, die ich nur selten für mich allein habe. Ich lege eine Kassette ein, die Onkel Hermann mit seiner Rockband eingespielt hat, und lasse die Musik schön laut dröhnen. Im Geist spiele ich den Part des Schlagzeugers und feuere meine Band an, ihr Bestes zu geben. Leider kommt Mama viel zu früh zurück, und ich muss auf Zimmerlautstärke zurückschalten. Da macht es mir keinen Spaß mehr.

Bevor der Großvater zur Chorprobe geht, bringt er den schlafenden Bastian, Monika und den Eff-Ix herüber. Da der Eff-Ix noch keinen längeren Auslauf hatte, ziehe ich mich an und gehe mit ihm fort.

Es hat zu schneien aufgehört. Die Schneepflüge sind zwar nicht mehr im Einsatz. Dafür sind nun die Schneeschaufler ausgerückt, um die Schneemassen zwischen Autos oder an Straßenecken aufzuhäufen.

Wir überqueren den Ring und betreten den Volksgarten. Schon bald hat der Eff-Ix eine Fährte aufgenommen und zieht mich an der Leine hinter sich her. Nach links, nach rechts, vor und zurück und im Kreis. Schon zieht er mich auf eine Rasenfläche, doch versinkt er hier bis zum Bauch im Tiefschnee und das behagt ihm nicht. Mit einem Sprung ist er wieder auf dem Weg und jagt ein paar Krähen in die Flucht.

Wenigstens ein Erfolgserlebnis!

Ich kreise noch einige Male um den Theseustempel und habe plötzlich Lust, mir Maroni zu kaufen. Ich hole das lose Kleingeld aus der Hosentasche und schaue, wie viel ich habe.

Da trifft mich von hinten ein Schneeball. Gleich darauf noch einer. Der reißt mir die Mütze vom Kopf. Im gleichen Augenblick zieht der Eff-Ix an der Leine, und mir fallen die Münzen aus der Hand.

„Hallo, Eff-Ix!", höre ich Heiners Stimme hinter mir. Ich drehe mich auf dem Absatz um. Da steht Heiner ein paar Meter von mir entfernt und lockt meinen Hund zu sich.

Der Eff-Ix zerrt wie verrückt an der Leine. Also lasse ich ihn los. Bellend läuft er auf Heiner zu und springt an ihm hoch, als wäre der sein Freund. Ich selbst rühre mich nicht vom Fleck und suche im Schnee nach den Münzen.

Heiner kommt näher, hebt meine Mütze auf und gibt sie mir. Ich reiße sie ihm aus der Hand.

„Du bist wirklich nicht ganz dicht!", sage ich wütend. „Wegen dir kann ich mir jetzt keine Maroni kaufen!"

„Tut mir Leid!", sagt Heiner. „War doch nur Spaß.".

„Schöner Spaß!", fauche ich ihn an.

Immerhin, er hilft mir suchen. Wir suchen ziemlich lang, finden aber nur einen einzigen lumpigen Schilling im Schnee.

„Weißt du was, Robbe, ich lade dich auf Maroni ein." Heiner hat die Leine vom Eff-Ix aufgenommen. „Was dagegen?"

„Gib her! Das ist mein Hund!" Ich nehme ihm die Leine aus der Hand. „Woher weißt du eigentlich, wie er heißt?"

„Von deinem Großvater", sagt Heiner. „Darf ich den Hund auch einmal führen?"

Ich denke an Großvaters Worte beim Mittagessen. „Meinetwegen", sage ich. „aber nur vom Maronibrater bis zu unserem Haus."

„Okey dokey", sagt Heiner und strahlt übers ganze Gesicht.

Wie ich eine geheimnisvolle Einladung bekomme und wie mir Frau Schellander für mein Referat gleich den ersten Termin aufbrummt

In der ersten Stunde liest Frau Schellander die Namen jener Schüler vor, die in Deutsch zwischen zwei Noten stehen und die sich die Note mit einem Referat verbessern können. Sie gibt ein paar Termine zur Auswahl. Ich melde mich für den letztmöglichen. Aber das tun die anderen auch. Schließlich vergibt Frau Schellander die Termine und brummt mir gleich den ersten auf.

„Das schaffe ich nie!", protestiere ich. „Das ist ja schon in drei Tagen." Ich fühle mich überrumpelt und suche krampfhaft nach einer Ausrede, um den Montagstermin abzuwenden. Doch mein Hirn streikt. Gleichzeitig fallen mir auch meine Mitschüler in den Rücken und schwatzen mir den ersten Termin auf. Nur weil sie wollen, dass der Eff-Ix endlich in unsere Klasse kommt.

In der großen Pause berichtet Florian triumphierend, dass auch Silvia und ihre Schwestern morgen zum Bobfahren mitkommen werden. Im Hintergrund steht Heiner und starrt Löcher in die Luft. Und tut so, als interessiere er sich kein bisschen für unsere Pläne.

Als ich in der nächsten Stunde mein Mitteilungsheft suche, entdecke ich ein buntes Kuvert. Ich nehme es heraus und finde darin eine Einladung zu einem Kostümfest am Mittwoch, 14. Januar, 16 Uhr. In der letzten Zeile steht: Um Antwort wird gebeten. Es ist jedoch kein Name angegeben, keine Telefonnummer, keine Unterschrift. Nichts!

Wer lädt da ein? Wo soll die Party stattfinden? Warum so geheimnisvoll? Ich überlege scharf. Eigentlich kann nur Marc dahinterstecken. Der gibt jedes Jahr ein Faschingsfest! Ich schicke ihm ein Briefchen und frage nach. Er dreht sich zu mir um und zuckt die Schultern. Er ist also nicht der Absender! Bleibt nur noch Nicole, die öfter zu sich einlädt. Ich mache mir zwar nichts aus ihr, frage sie aber trotzdem. Per Luftpost. Sie weiß von nichts!

Auf dem Heimweg erfahre ich von Florian, dass auch er so eine geheimnisvolle Einladung bekommen hat. Während wir noch herumrätseln, wer aus seiner Klasse zu dem Fest einladen könnte, überholen uns Silvia und ihre Schwestern.

„Ihr kommt doch, oder?", sagt Silvia.

„Wohin?", fragt Florian.

„Zu unserem Faschingsfest", sagt eine der Schwestern

„Von euch ist also ...", sagt Florian.

Ich unterbreche ihn. „Klar kommen wir! Ist doch Ehrensache!"

„Dabei haben Tina und Nina ganz vergessen, unseren Namen und die Telefonnummer anzugeben", sagt Silvia lachend.

„Ich hab gewusst, dass die Einladung nur von dir sein kann!", flöte ich und schenke ihr mein schönstes Lächeln.

„Wie bitte?", Florian schaut mich entgeistert an.

„Schnauze!", zische ich ihm zu. Er kapiert und schweigt.

Nach dem Essen lese ich in einem Zug das Buch ALLES ÜBER DEN BASSET durch und schreibe mir die wichtigsten Punkte heraus. Mama bügelt gerade und so kann ich sie das Eine oder Andere fragen, mache aber die meiste Arbeit selbst. Der Eff-Ix liegt als Anschauungsobjekt auf dem Teppich und schläft. Stößt leise Fieplaute aus und zuckt mit den Pfoten.

„Ich glaube, er träumt gerade", sagt Mama.

„Soll ich im Fasching als Zorro gehen oder als Pirat?", frage ich Mama, die für Kostüme zuständig ist.

„Jetzt mach erst einmal dein Referat fertig. Dann sehen wir weiter."

Papa kommt am Nachmittag kurz nach Hause, duscht sich und zieht sich um. Dann isst er eine Kleinigkeit und packt das Nötigste zusammen, da er über das Wochenende an einem Fortbildungsseminar teilnehmen will, das in einem Hotel am Semmering abgehalten wird.

„Wirst du auch Tante Sophie besuchen?", frage ich ihn.

„Ja, natürlich!", sagt Papa. „Ist alles eine Sache der Einteilung."

„Bring ihr das von mir mit!", sagt Monika und gibt ihm das Bild, das sie eben vom Eff-Ix gemalt hat.

„Mache ich!", sagt Papa. Und schon fällt ihm wieder Thema Nummer eins in. „Hat sich schon jemand gemeldet, der den Hund nehmen will?"

„Nein", sagt Mama. „Und wie sieht es mit deinen Arbeitskollegen aus?"

„Die haben alle kein Herz für Hunde", sagt Papa.

„Dafür haben wir eins", hake ich ein. Die Gelegenheit scheint günstig. „Der Eff-Ix hat sich schon so gut bei uns eingewöhnt ..."

„... dass er ungestraft Mamas Pelzhandschuhe zerfetzen darf", fällt mir Papa ins Wort.

„Aber nur einen", schränke ich ein.

„Ist eure Mutter etwa einarmig?", regt sich Papa auf.

Hoffentlich tischt er jetzt nicht alles auf, was der Eff-Ix mittlerweile angestellt hat!

„Lass Tante Sophie herzlich grüßen", lenkt Mama vom Thema ab, „und fahr vorsichtig!"

„Und vergiss das Bild nicht!", sagt Monika und schlingt die Arme um Papas Hals. „Weißt du auch, dass ich euch sehr lieb habe?"

„Wen?"

„Den Eff-Ix!", sagt sie. „Und dich!"

Da verlässt Papa fluchtartig das Zimmer.

Abends will Mama mein Referat hören.

„Wir sind dein Publikum", sagt Monika und setzt sich mit Bastian auf das Sofa. Den Eff-Ix verwende ich als Modell, um die Merkmale der Bassets anschaulich erklären zu können.

„Unter den Jagdhunden ist der Basset eine markante Erscheinung", beginne ich. „Er hat ausgezeichnete Spüreigenschaften ..."

„Wenn er ein Jagdhund ist, müssen wir dann alle Jäger werden?", wirft Monika ein.

„Unterbrich mich nicht!", sage ich. Dann beschreibe ich sein Aussehen und seinen Charakter, ständig begleitet von Bastians Gegurgel und Geplapper. „Obwohl der Basset kein Schoßhund ist, passt er in jede durchschnittlich große Wohnung."

Plötzlich hat der Eff-Ix genug vom Modellsitzen und flüchtet sich ins Publikum. Das macht mir aber nichts aus, weil ich schon am Schluss angelangt bin.

„Besonders Kinder lieben den Basset, und er wird ihre Zuneigung und Aufmerksamkeit von ganzem Herzen erwidern."

„Bravo, Robbe! Das hast du gut gemacht", sagt Mama. „Dürfen deine Mitschüler nach dem Referat auch Fragen stellen?"

„Ich glaube schon."

„Dann wollen sie bestimmt wissen, was er schon alles angestellt hat", sagt Monika.

Bei den letzten Worten ist der Großvater hereingekommen und hält die Lederpantoffeln in der Hand, die ihm Mama zu Weihnachten geschenkt hat.

„Wenn es um seine Schandtaten geht", sagt der Großvater, „dann kannst du ruhig erwähnen, dass ich seit heute eine Entlüftungsanlage in meinen Pantoffeln habe." Bei diesen Worten zeigt er auf die stattlichen Löcher, die der Eff-Ix in das Leder gebissen hat. „Marke Emmentaler."

Wie Heiner mich über den Haufen fährt und wie Silvia sich mehr um Monika kümmert als um mich

Samstagvormittag gehen wir mit Mama einkaufen. Monika braucht Wachskreiden und ich eine neue Füllfeder. Auf dem Weg zum Schreibwarengeschäft treffen wir Frau Reitinger, die Mama zweimal im Monat beim Wohnungsputz hilft.

„Guten Morgen, Frau Frankenberg!", ruft sie von weitem. Monika und mich beachtet sie gar nicht. „Ja, seit wann haben denn Sie ein Hunderl?" Ohne Mamas Antwort abzuwarten, beugt sie sich zum Eff-Ix und redet auf ihn: „Du bist aber ein Lieber! Und so brav!" Dann richtet sie sich wieder auf. „Sie sollten ihm aber bei der Kälte unbedingt ein Manterl anziehen. Mein Flocki hat auch eins für den Winter und ich sage Ihnen, Frau Frankenberg, da gibt es kein Frieren mehr." Sie kramt in ihrer Tasche und fischt ein Foto heraus, das sie Mama unter die Nase hält. „Was halten Sie davon, wenn ich Ihrem Hunderl auch so ein Manterl stricke?"

„Ehrlich gesagt ...", wehrt Mama ab.

„Natürlich würd ich nur reine Wolle verwenden", fällt Frau Reitinger ihr ins Wort.

„Sie haben doch ohnehin schon genug Arbeit!"

„Aber ich bitte Sie! Das mache ich doch gern!", sagt Frau Reitinger. „Welche Farbe wäre Ihnen denn lieber? Grün oder braun?"

Sie ist voll in Fahrt. „Noch hübscher wäre allerdings zweifärbig. Gelb und braun gestreift. Was halten Sie davon?"

Wie die Biene Maja, schießt es mir durch den Kopf.

Mama schüttelt den Kopf. „Das ist wirklich nicht nötig!", sagt sie abwehrend. „Außerdem kommt der Hund bald auf einen Pflegeplatz."

„Ach, du armes Hunderl!", bedauert Frau Reitinger den Eff-Ix. „Sind die Kinder nicht lieb zu dir!?"

Ich glaube, ich höre schlecht! Nun sollen wir dran schuld sein?

„Wir sind immer lieb zu ihm!", stellt Monika richtig.

Mama scheint jedoch keine Lust zu haben, die Sache aufzuklären. Überstürzt verabschiedet sie sich von Frau Reitinger und zieht uns mit sich fort.

Vor dem Mittagessen zerre ich den Koffer mit den Faschingssachen heraus. Vom Zorro-Kostüm finde ich Umhang, Hut und schwarze Augenmaske auf Anhieb, nicht aber das schwarze T-Shirt mit dem silbernen Z auf der Brust. Monika fängt nun auch zu kramen an und probiert die Masken und Perücken aus, die im Koffer herumkugeln.

„Momo, Obo", schreit Bastian. Er versucht, mit seinem Laufwägelchen ins Kinderzimmer zu kommen.

Ich setze mir schnell die Krampusmaske auf und laufe zur Tür, um ihn hereinzulassen. Kaum sieht er mich, fängt er wie am Spieß zu brüllen an. Ich reiße mir schnell die Maske vom Gesicht, damit er sieht, dass ich dahinterstecke. Aber er beruhigt sich erst, als Mama auftaucht, ihn hochnimmt und tröstet.

„Was Besseres fällt dir wohl nicht ein!", zischt sie mir genervt zu.

„War doch nur Spaß", verteidige ich mich.

„Du immer mit deinem Spaß", sagt Mama verärgert. „Erschreckt hast du ihn. Und zwar gehörig!"

Gut, dass in diesem Augenblick das Telefon läutet und Mama abgelenkt wird.

Punkt zwei Uhr treffe ich mich mit den anderen. Florian und ich haben einen schwarzen Bob mit Lenkrad, Silvia einen roten ohne Lenkrad, ihre Schwestern eine Rodel. Wir fahren mit der Straßenbahn zum Wilhelminenberg und steigen dann in den Autobus um, der uns hinaufbringt zur Schnepfenwiese.

Auf dem Steilhang rodeln schon viele Kinder, manche mit, manche ohne Erwachsene. Auf dem flacheren Stück haben ein paar Knirpse winzige Schier angeschnallt und fahren den Babyhang hinunter.

Uns zieht es hinüber zur Bobbahn, die keine fünf Minuten von der Wiese entfernt liegt. Die Bahn ist in gutem Zustand. Festgefahrener Schnee, keine Eisplatten. Wir gehen hinauf zum Start.

Florian fährt als Erster los. Er prescht in vollem Tempo hinunter. Mit etwas Abstand starte ich. Hinter mir Silvia. Ihre Schwestern hat am Start der Mut verlassen. Die Bahn ist ihnen doch zu steil. So begnügen sie sich mit Zuschauen.

Bei der zweiten Abfahrt nehmen wir Silvia in die Mitte und

hängen uns zusammen. Florian als Lenker vorne, ich als Bremser hinten. Ich verbremse irgendwo in der Mitte und fliege aus der Bahn hinaus. Die beiden fahren allein weiter.

Da Tina und Nina vom bloßen Herumstehen kalt geworden ist, geht Silvia mit ihnen zur Schnepfenwiese hinüber, um dort mit ihnen zu rodeln. Florian und ich bleiben noch.

Nach und nach kommen auch andere Bobfahrer auf die Bahn, die Wartezeiten zwischen den Fahrten werden immer länger. Wir wollen noch einmal hinunter donnern, ein letztes Mal, und dann zu den Mädchen hinüber gehen.

Florian stößt sich vom Start ab. Kaum ist er außer Sichtweite, fahre ich los. Ich bin fast bei der Mitte, da steht plötzlich ein großer Hund in der Bahn. Ich bremse, was das Zeug hält. Der Hund springt erschrocken zur Seite. Ich habe jedoch den ganzen Schwung verloren und kann den Lauf nur noch im Schneckentempo fortsetzen. Schon sehe ich Florian in der Zielgeraden auftauchen, da kracht einer von hinten in mich hinein. Ich werde vom Bob geschleudert und der andere fällt auf mich. Einen Augenblick liege ich im Schnee und habe das Gefühl, ich kann mich überhaupt nicht mehr rühren. Der andere springt auf und streckt mir die Hand hin, um mich aufzuziehen. Es ist Heiner.

Da flammt eine Riesenwut in mir auf. „Sag, bist du noch zu retten?", schreie ich ihn an.

Florian kommt angetrabt. „Was ist los?"

„Was los ist? Hast du keine Augen im Kopf?", brülle ich. „Dieser Wahnsinnige hat mich über den Haufen gefahren."

„Ich hab doch nicht wissen können, dass du so langsam dahinzuckelst", verteidigt sich Heiner. „Außerdem", er holt ein Taschentuch heraus, „du blutest an der Lippe."

Will der mir im Gesicht herumfummeln?

„Rühr mich nicht an!", knurre ich, nehme sein Taschentuch und tupfe mir die Lippe ab. Blut! Tatsächlich!

„Diesmal ist aber nicht der Heiner schuld", sagt Florian, „sondern der Hund."

„Auf welcher Seite stehst du eigentlich?", fahre ich ihn an. Der mit seinem Gerechtigkeitssinn! Ich nehme schweigend meinen Bob und gehe los.

„He, Robbe, warte!", ruft Florian hinter mir her.

Doch ich warte nicht. Ich gehe weiter, hinüber zur Schnepfenwiese, wo ich Trost und Beistand erhoffe. Von Silvia.

Auf der Schnepfenwiese laufe ich Mama in die Arme, die eben mit Bastian den Hang hinunterfahren will.

„Ihr seid auch da?", frage ich erstaunt.

„Ja, wir haben uns gedacht, eine Stunde im Schnee könnte uns auch gut tun."

„Warte, Mama, wir kommen schon!", schreit Monika, die eben mit dem Eff-Ix und dem Großvater den Hang heraufkommt.

„Fahr du mit deiner Schwester!", sagt der Großvater zu mir und übergibt mir die Rodel. „Ich muss eine Pause einlegen."

Eigentlich wollte ich ja zu Silvia, aber ich kann sie nirgends sehen. „Meinetwegen! Aber ich sitze hinten.", sage ich zu Monika.

„... und ich lenke", sagt sie.

„Du kannst ja gar nicht lenken."

„Kann ich doch!"

„Kannst du nicht!"

Da gibt uns der Großvater einen Schubs und schon geht es den Hang hinunter. Der Eff-Ix läuft mit fliegenden Ohren neben uns her und versucht, nach meinem seitlich weggestreckten Fuß zu schnappen.

„Weg da! Aus der Bahn!", brülle ich, weil ich Angst habe, dass wir ihn überfahren. Ich bin so beschäftigt, mir den Eff-Ix vom Leib zu halten, dass ich zu spät bemerke. dass wir auf einen Zaun zurasen. Ich bremse zwar, aber es ist zu spät. Im letzten Augenblick packe ich Monika und lasse mich mit ihr in den Schnee fallen. Die Rodel kracht in den Zaun.

„Toll gelenkt!", sage ich zu Monika, nachdem ich sicher bin, dass ihr nichts passiert ist.

„Toll gebremst!", sagt sie giftig und bleibt neben dem Eff-Ix im Schnee sitzen.

Plötzlich steht Silvia neben uns. „Hast du dir wehgetan?"

Ich hole tief Luft und will erzählen, was mir vorher mit Heiner passiert ist, als ich merke, dass Silvia sich zu Monika beugt und wiederholt: „Hast du dir wehgetan?"

Monika blickt nicht einmal auf, schüttelt nur den Kopf. „Es ist alles okay, die ist nur bockig!", sage ich und versuche, Silvias Aufmerksamkeit auf mich zu lenken.

„Ich bin überhaupt nicht bockig!" Monika blickt zu Silvia auf und klagt mich an: „Der da hätte nur fast meinen Hund überfahren."

„Du spinnst ja hochgradig!", wehre ich mich gegen diesen Vorwurf. „Außerdem ist es nicht dein Hund. Es ist unser Hund."

In diesem Augenblick bleibt Mamas Schlitten neben uns stehen. „Na, ihr beiden, alles in Ordnung?", fragt sie uns.

„Alles okay!", sage ich schnell und stelle ihr Silvia vor, nur um das Thema wechseln zu können.

Ich erwähne auch das Faschingsfest, zu dem ich eingeladen bin.

„Kann ich da auch kommen?", fragt Monika.

„Klar doch!", sagt Silvia.

„Ich weiß auch schon, wie ich mich verkleide", sagt Monika geheimnisvoll. „Soll ich es dir verraten?" Sie flüstert Silvia etwas ins Ohr.

„Sicher als dicke Nudel!", sage ich, um sie zu ärgern.

„Falsch geraten!", keift Monika. „Diesmal gehe ich als gemeine Robbe."

Wie wir Mama einmal so richtig verwöhnen und wie Papa den Eff-Ix zum ersten Mal lobt

Weil Monika und ich gestern Abend beschlossen haben, Mama heute einmal ausschlafen zu lassen, springe ich, kaum aufgewacht, aus dem Bett und schleiche ins Schlafzimmer. Dann rolle ich ganz vorsichtig das Gitterbett mit dem schlafenden Bastian in unser Zimmer.

Der Eff-Ix folgt mir auf Schritt und Tritt. Ich bin sicher, er muss schon dringend hinunter. Also ziehe ich mich schnell an und gehe mit ihm einmal kurz um den Häuserblock. Als er alles erledigt hat, sausen wir zu unserem Haus zurück. Dummerweise habe ich keinen Haustorschlüssel mitgenommen. Mama will ich nicht herausläuten. Bleibt nur der Großvater. Ich läute ein paar Mal. Endlich nimmt er den Hörer ab.

„Opa, ich habe meinen Schlüssel vergessen!" Im nächsten Augenblick summt der Türöffner.

„Warst du schon mit dem Hund unten?" Der Großvater ist erstaunt und reicht mir in weiser Voraussicht den Schlüssel zu unserer Wohnung, den ich auch vergessen habe.

Dann füttere ich den Eff-Ix und nehme ihn mit ins Kinderzimmer.

Monika und Bastian schlafen noch. Der Eff-Ix besteigt sofort das Matratzenschiff, das wir uns gestern Abend wieder zusammengebaut haben, und rollt sich neben Monika ein. Ich lege mich neben die beiden und lese noch ein paar Seiten in „Moby Dick”, bevor ich auch noch einmal einschlafe.

„Robbe, aufwachen!”, höre ich Monikas Stimme an meinem Ohr. Sie rüttelt mich wach. „Machst du das Frühstück oder ich?”

„Du!”, brumme ich und drehe mich auf die andere Seite.

„Gut!”, sagt sie. „Dann kriegt erst einmal der Eff-Ix etwas.”

„Nein, den hab ich schon gefüttert.”

„Hast du den Bastian auch schon gefüttert?”

„Der schläft doch noch”, antworte ich genervt.

„Nein, der schläft nicht mehr!”

Da höre ich ihn auch schon „Momo” rufen. Alles klar! Bastian ist wach. Hellwach.

Ich setze mich auf und schon tönt mir sein Morgengruß entgegen: „Obo! Oooobo!”

„Lass deinen Bruder noch ein bisschen schlafen”, flehe ich ihn an und rolle mich noch einmal ein.

„Obo, Momo, hamham!”, ruft Bastian.

„Okay!” Ich gebe mich geschlagen und stehe auf.

Bastian streckt mir die Ärmchen entgegen. Ich hebe ihn aus dem Gitterbett und setze ihn auf unser Schiff. Der Eff-Ix schnüffelt interessiert an seiner Strampelhose herum. Das Windelwechseln werde ich aber trotzdem Mama überlassen. Ich hole ein Glas Babynahrung und einen Löffel aus der Küche und setze mich zu Bastian. Er ist hungrig und macht keine Faxen. So geht es mit dem Füttern ganz gut voran. Was danebengeht, leckt der Eff-Ix auf.

Es ist schon fast halb zehn Uhr. Höchste Zeit, an unser Frühstück zu denken. Wir gehen in die Küche, stellen Teewasser auf, holen Teller und Tassen, Käse, Schinken und Butter und stellen alles auf den stummen Diener, den wir dann ins Wohnzimmer rollen. Noch schnell den Tisch gedeckt, eine Kerze angezündet und fertig ist der Frühstückstisch.

„Haben wir alles?", fragt Monika.

Da pfeift der Teekessel in der Küche. Ich schnell zurück in die Küche. Teebeutel in die Kanne gehängt und heißes Wasser drauf.

„Das Brot haben wir vergessen!", sagt Monika. Sie holt es aus der Lade und versucht, eine Scheibe abzuschneiden. Schafft es aber nicht.

„Ich mach das schon!", sage ich und merke, dass ich langsam in Stress komme. Nun fängt auch noch Bastian zu quengeln an.

Ich bin heilfroh, als in diesem Augenblick Mama auftaucht. Sie ist ganz gerührt, dass das Frühstück bereits auf sie wartet und will nur noch Bastian wickeln, bevor sie sich zu uns setzt.

Als wir endlich alle vier um den Tisch sitzen, ist der Tee nur mehr lauwarm, die Kerze bereits heruntergebrannt und kein Schinken mehr vorhanden. Den muss sich der Eff-Ix vom stummen Diener stibitzt haben.

Nachmittags liege ich Mama so lange in den Ohren, bis sie mir ein silbernes Z auf ein schwarzes T-Shirt näht und den schwarzen Umhang für mein Zorro-Kostüm aufbügelt. Nun brauche ich nur mehr einen Degen. Den werde ich mir ausleihen. Von Marc.

Während Mama das Z aufnäht, will sie noch einmal das Referat hören. Da ein paar Mal das Telefon klingelt und wir unterbrochen werden, muss ich immer wieder von vorne beginnen, bis ich den Text fast auswendig kann.

Monika kramt wieder im großen Koffer. Setzt noch einmal alle Perücken und Masken auf und kann sich einfach nicht entscheiden, welche Verkleidung sie wählen soll.

„Immer machst du nur Sachen für den Robbe", beschwert sie sich bei Mama. „Und für mich nichts."

„Aber Schätzlein! Das stimmt doch gar nicht."

„Mein Schal ist noch immer nicht fertig! Und der Robbe hat seinen schon zu Weihnachten bekommen."

Mama seufzt. „Ich weiß, Monika. Aber ich verspreche dir, sobald die Übersetzung fertig ist, kommt dein Schal dran."

Dieser Schal! Nie wollte sie früher einen bunt gestreiften Schal! Aber kaum hat mir Mama einen gestrickt, wollte sie haargenau den gleichen!

Als Papa am späten Nachmittag zurückkommt, stürzt der Eff-Ix bellend ins Vorzimmer.

„Kapier doch endlich, dass ich auch zur Familie gehöre", sagt Papa.

Kaum hört der Eff-Ix Papas Stimme, geht er sofort in seinen Korb zurück und muckst sich nicht mehr.

Papa ist gut gelaunt, berichtet begeistert vom Seminar und bestellt uns Grüße von Tante Sophie.

„Hat sie sich über mein Bild gefreut?", fragt Monika.

„Ja! Stell dir vor, sie will es sogar rahmen lassen und im Wohnzimmer aufhängen", sagt Papa und erzählt dann, dass Tante Sophie zu ihrem 70. Geburtstag ein größeres Fest plant.

„Da könnten wir dem Eff-Ix einen Luftballon ans Halsband binden", sagt Monika, „und ..."

„... und mit Filzstift HAPPY BIRTHDAY auf den Luftballon schreiben", sage ich. Das haben wir uns nämlich schon für Mamas Geburtstag ausgedacht. Warum eine gute Idee nicht zweimal verwenden?!

„Ich hoffe doch, dass der Hund bis dahin nicht mehr bei uns ist", wirft Papa ein.

Monika ignoriert Papas Antwort und überlegt laut, ob wir einen weißen oder einen gelben Luftballon nehmen sollen.

„Übrigens, Lena, Tante Sophie wünscht sich, dass ich bei dem Fest ein paar Stücke auf der Geige spiele.", sagt Papa.

„Den Wunsch wirst du ihr hoffentlich erfüllen", sagt Mama.

„Aber ich bin doch völlig aus der Übung.", jammert Papa.

„Der Geburtstag ist erst Mitte Februar", beruhigt ihn Mama. „Da hast du noch genügend Zeit, um zu üben."

„Meinst du?"

„Aber ja doch!"

„Dann fange ich jetzt gleich an", sagt Papa entschlossen, holt seine Geige und einen Stapel Noten aus dem Schrank und zieht sich ins Nebenzimmer zurück.

Kaum ist Papa außer Sichtweite, erhebt sich der Eff-Ix und ist im Handumdrehen auf dem Sofa, zwischen Monika und mir. Schlau ist er, das muss man ihm lassen!

Die Tür zum Zimmer steht einen Spalt offen. Papa stimmt eben seine Geige. Als er zu spielen anfängt, setzt sich der Eff-Ix kerzengerade auf, legt den Kopf schief und horcht. Gleich darauf springt er vom Sofa, tapst zur Tür und stupst sie mit der Schnauze gerade so weit auf, dass er mühelos ins Zimmer schlüpfen kann.

„Bleib bei uns!", ruft ihm Monika nach.

„Lass ihn! Er fliegt ohnehin gleich raus", sage ich, „und zwar hochkantig."

Aber nichts dergleichen geschieht. Papa spielt seelenruhig weiter. Hat er den Hund nicht bemerkt? Ich springe auf und nähere mich der Tür. Spähe durch den Spalt und traue meinen Augen nicht. Da steht Papa vor dem Notenständer und spielt. Und der Eff-Ix sitzt vor ihm auf dem Boden und hört ihm andächtig zu. Unterbricht Papa das Spiel, winselt der Eff-Ix leise, als würde er um eine Zugabe bitten.

Als es Zeit zum Abendessen ist, kommen die beiden aus dem Zimmer. Bei Tisch legt sich der Eff-Ix Papa zu Füßen und scheint alles daran zu setzen, ihn zu erobern.

„Eines muss man ihm lassen", sagt Papa unvermittelt, „dieser Hund ist äußerst musikalisch."

Wir schauen erstaunt auf und sagen wie aus einem Mund: „Wie bitte?"

„Ja, er ist ein äußerst musikalisches Tier", wiederholt Papa.

„Und ich weiß, wovon ich rede." Dann lässt er verstohlen ein Stück Wurst fallen. Und gleich noch eines.

„Zu uns hast du gesagt, ein Hund darf bei Tisch nicht gefüttert werden", rege ich mich auf, „und selber hältst du dich nicht daran."

„Das ist heute nur eine Ausnahme!", sagt Papa und tauscht mit dem Eff-Ix einen verständnisinnigen Blick.

Wie dem Eff-Ix eine Stunde Schule schnuppern vollauf genügt und wie er sich in der Wolle verheddert

Das Referat ist für die erste Unterrichtsstunde angesetzt. Der Großvater bringt den Eff-Ix knapp vor acht in unsere Klasse. Meine Klassenkameraden sind alle ganz aus dem Häuschen. Jeder will den Eff-Ix anfassen. Jeder will ihn streicheln. So viele Hände, so viele Gesichter. Ihm ist das alles nicht ganz geheuer. Gut, dass schon die Schulglocke läutet.

Wir bilden einen Sesselkreis, damit ihn alle gut sehen können, und ich darf mein Referat im Sitzen halten. Der Eff-Ix sitzt mir zu Füßen und weiß nicht recht, was hier vor sich geht. Manchmal stupst er mich, als wollte er mich zum Spielen auffordern. Ich lasse mich jedoch nicht ablenken, sondern schnurre den Text herunter und Frau Schellander ist sehr zufrieden. Nachher stellen die Kinder Fragen und manche erzählen von ihren eigenen Erlebnissen mit Hunden, sodass die Stunde wie im Flug vergeht.

Auch wenn meine Klassenkameraden noch gerne eine Verlängerung gehabt hätten, der Eff-Ix scheint heilfroh zu sein, dass die Schulschnupperstunde zu Ende ist. Langes Stillsitzen ist so gar nicht sein Fall! Bereitwillig geht er mit dem Großvater mit, der ihn in der Pause abholt.

Da die Labortests ergeben haben, dass der Eff-Ix noch nicht

geimpft worden ist, gehen wir am Nachmittag noch einmal zur Tierärztin. Diesmal kommen wir sofort dran. Die Ärztin gibt dem Eff-Ix eine kombinierte Schutzimpfung gegen Staupe, Tollwut und noch ein paar andere gefährliche Krankheiten und erklärt uns, dass diese Impfung jedes Jahr aufgefrischt werden muss. Der Eff-Ix erhält einen internationalen Impfpass und eine Tollwutmarke für das Halsband.

Wir machen dann noch eine große Runde durch den Burggarten. Auf dem zugefrorenen Teich ist eine Bahn vom Schnee freigeschaufelt worden und ein paar Kinder rutschen darauf herum. Monika will auch aufs Eis. Sie nimmt einen Anlauf und rutscht ein Stück, verliert dann aber das Gleichgewicht und fällt hin. Dem Eff-Ix ergeht es nicht viel besser. Er will Monika nachlaufen, merkt jedoch zu spät, dass das eine glatte Angelegenheit ist. Schon purzelt er auf die Nase. Er rappelt sich hoch und will zurücklaufen. Da reißt es ihm die Beine auseinander und – platsch – liegt er auf dem Bauch. Der Anblick ist so komisch, dass alle rundherum lachen müssen. Beim dritten Mal hat der Eff-Ix dann kapiert, dass er auf blankem Eis das Tempo drosseln muss. Vorsichtig, vorsichtig tritt er also den Rückzug an und wird erst wieder übermütig, als er beim Großvater ankommt.

Beim Abendessen erzählt Monika den Eltern vom Erlebnis im Burggarten. Ich höre nur mit halbem Ohr hin.

Ich bücke mich eben nach Bastians Quietschpuppe, die er bereits zum fünften Mal hinunterwirft und die ich zum fünften

Mal aufhebe, als der Eff-Ix mit einem Wollknäuel im Maul an mir vorbeiläuft. Er rennt um Papas Fernsehstuhl herum und bringt dabei den bauchigen Korb zum Schaukeln, in dem Monikas Schal und die vielen Wollknäuel liegen. Er hält inne, duckt sich, knurrt den Korb an und mit einem Satz springt er mitten hinein in die Wolle. Dann wälzt er sich zwischen den Knäueln herum und verheddert sich hoffnungslos in den Wollfäden. Als er sich zu befreien versucht und wegläuft, zieht er Wolle und Strickzeug hinter sich her. Die Stricknadeln rutschen aus den Maschen und der halb fertige Schal trennt sich bei diesem Manöver immer weiter auf.

„Mein Schal", schreit Monika auf.

„Wirst du wohl hergeben?" Papa ist aufgesprungen und beugt sich drohend über den Eff-Ix.

„Nein, nicht das auch noch!", jammert Mama.

Zeit zu handeln! Mit ein paar Schritten bin ich beim Eff-Ix und befreie ihn mit Mamas Hilfe von den Wollfäden. Dann bringt Mama den Schal in Sicherheit und schiebt die Stricknadeln wieder durch die Maschen.

Kaum befreit, verkriecht sich der Eff-Ix unter dem Fernsehstuhl, um einem möglichen Donnerwetter zu entgehen.

„So kann das nicht weitergehen!", sagt Papa. „Nun ist der Hund schon eine geschlagene Woche bei uns und noch immer haben wir keinen Pflegeplatz für ihn gefunden." Er holt tief Luft. „Hat Hermann schon zurückgerufen?"

Mama verneint.

„Typisch Hermann! Nie ist er da, wenn man ihn braucht!" sagt Papa.

„Sei nicht ungerecht, Kurt! Du weißt genau, dass mein Bruder der Einzige ist, der den Hund auf jeden Fall nehmen wird.", sagt Mama. „Und du weißt auch, dass er oft mit seiner Band auf Tournee ist."

„Ja, mit diesem Krachorchester!", brummt Papa. Er kann mit Onkel Hermanns Rockmusik, seiner Band und seiner Art zu leben einfach nichts anfangen.

Er seufzt. „Wenn ich mir vorstelle, dass dieser musikalische Hund sich Hermanns Musik anhören muss, tut er mir jetzt schon Leid! Aber ich bin froh, wenn er aus dem Haus ist!"

Papa lässt sich in den Fernsehstuhl fallen, unter dem noch immer der Eff-Ix liegt, der darauf wartet, dass sich die Gewitterwolken endlich verziehen.

Wie ich Heiner auf frischer Tat ertappe und wie der Eff-Ix ein Pfotenmuster hinterlässt

Mittlerweile hat sich mit dem Eff-Ix ein Rhythmus eingespielt. In der Früh holt ihn der Großvater ab und verschafft ihm seinen morgendlichen Auslauf, der regelmäßig im Kaffeehaus endet, wo der Großvater gern frühstückt und Zeitungen liest. Ab Mittag ist der Eff-Ix bei uns in der Wohnung und ich bin für seinen Nachmittagsauslauf zuständig. Da Mama darauf besteht, dass ich vorher die Aufgaben mache, trödle ich nicht so lange herum wie sonst, sondern bin meistens ruckzuck fertig.

Heute Nachmittag treffe ich Marc und Manu im Stadtpark. Die beiden haben mir klargemacht, dass der Eff-Ix auch andere Hunde zum Spielen braucht. Also hat Marc seinen Terriermischling mitgebracht und Manu seinen Dackel.

Da es über Nacht sehr warm und föhnig geworden ist, haben sich die schmutzigen Schneehaufen zwischen den Autos in riesige Pfützen verwandelt, die Schneepracht auf den Rasenflächen in Schneematsch. Die drei Hunde kümmert das nicht. Sie tollen herum, balgen sich nach Herzenslust und sehen nach einer Stunde wie Erdferkel aus.

Marc und Manu begleiten mich bis vor unser Haus und verabschieden sich dann. Im Stiegenhaus lasse ich den Eff-Ix von der Leine los und er stürmt vor mir hinauf. Wahrscheinlich erwartet er wieder ein Geschenk!

Seit ein paar Tagen liegt für ihn nämlich vor unserer Wohnungstür immer eine Überraschung bereit. Am ersten Tag waren es ein paar Hundekekse, am zweiten Tag ein Kauknochen, dann ein Tennisball mit seinem Namen drauf. Ich bin sicher, dass Silvia oder eine ihrer Schwestern die Gaben hinterlegt. Die drei sind ganz vernarrt in den Eff-Ix.

Ich nehme eben die letzten Stufen zum dritten Stock, als ich den Eff-Ix bellen höre. Gleich darauf redet jemand beruhigend auf ihn ein.

Das ist doch Heiners Stimme! Was zum Kuckuck hat der vor unserer Wohnung zu suchen? Seit unserem Zusammenprall auf der Bobbahn gehe ich ihm ganz bewusst aus dem Weg.

„Was machst du denn da?", stelle ich ihn zur Rede.

„Es ist n-n-nur ...", stottert Heiner und bekommt einen roten Kopf. „Ich wollte dem Eff-Ix eine Freude machen."

„Also, dann bist du es, der in den letzten Tagen immer etwas hinterlegt?" Langsam dämmert es mir, dass die Mädchen nichts mit der Sache zu tun haben.

Heiner nickt. Der Eff-Ix schnüffelt aufgeregt an Heiners Hand und schnappt nach dem neuen Mitbringsel.

„Was soll das denn sein?"

„Ein getrocknetes Schweinsohr", sagt Heiner. „So etwas mögen Hunde gern. Ich weiß das von meiner Oma. Die hatte früher einen Schäferhund. Der war ganz wild auf solche Leckerbissen."

Der Eff-Ix legt sich auf die Türmatte und fängt an dem Schweinsohr zu knabbern an.

Da erscheint Mama mit Bastian auf dem Arm in der Tür. „Hast du schon wieder deinen Schlüssel vergessen?", fragt sie mich.

„Tag, Frau Frankenberg!", sagt Heiner.

Mama macht einen Schritt auf ihn zu, um ihn zu begrüßen. Und wäre um ein Haar über den Eff-Ix gestolpert, hätte Heiner nicht „Vorsicht, der Hund!" gerufen. Bastian nützt die Gelegenheit und reißt zur Abwechslung nicht mir, sondern Heiner die Mütze vom Kopf und lässt sie gleich darauf wieder fallen.

„Bastian!", tadelt ihn Mama.

„Das macht doch nichts!", sagt Heiner, steigt über den Eff-Ix drüber und hebt seine Mütze auf.

„Willst du Heiner nicht hereinbitten?", fragt mich Mama.

Ich stehe etwas hilflos herum. Was soll ich mit Heiner?

„Ab in die Wohnung!", sage ich zum Eff-Ix, so als Überbrückung, und schiebe ihn ins Vorzimmer. Er knurrt. Wahrscheinlich glaubt er, ich will ihm sein Schweinsohr wegnehmen.

„Ich werde dann wieder gehen", sagt Heiner, nimmt aus seiner Anoraktasche ein schmales Buch mit der Aufschrift MEINE SCHULFREUNDE heraus und übergibt es mir. „Würdest du mir ... könntest du ... Schreibst du mir da etwas hinein?"

„Ich?" Ich will schon sagen, wir sind doch keine Freunde. Doch da fallen mir wieder Großvaters Worte ein. Also verkneife ich mir die Antwort. Ich blättere in dem Buch. „Da hat ja noch keiner etwas hineingeschrieben."

„Nein!", sagt Heiner leise. „Du bist der Erste!"

„Foto habe ich aber keines von mir", sage ich, weil auf jeder Doppelseite viel Raum für ein Foto ausgespart ist.

„Kein Problem!", sagt Heiner. „Ich habe eine Sofortbildkamera. Warte, ich hole sie!" Schon saust er los.

Ich lege das Buch auf die Kommode und ziehe mich aus.

„Habt ihr euch angefreundet?", fragt Mama, mit einem Blick auf das Buch.

„Nein ... Ich weiß nicht ... aber er schenkt dem Eff-Ix immer etwas."

Schon ist Heiner wieder zurück. Er hebt den Fotoapparat und ruft: „Bitte, lächeln!", und drückt ab. Gleich darauf kommt aus dem unteren Schlitz des Apparates das Foto heraus.

„Und jetzt noch eines mit dem Eff-Ix!", bittet er.

Meinetwegen! Ich nehme den Hund hoch. Damit er nicht ständig nur auf den Boden schaut, weil ihm das Schweinsohr aus dem Maul gefallen ist, schiebe ich ihm die Hand unter den Kopf und zwinge ihn, in die Kamera zu schauen.

Als auch das zweite Foto trocken ist, sagt Heiner. „Ist echt toll geworden!" Dann krault er dem Eff-Ix noch kurz den Kopf. „Ich muss jetzt gehen. Also dann, tschüss!"

Erst jetzt merke ich, dass mich der Eff-Ix völlig nass und schmutzig gemacht hat. „Du bist ein Dreckferkel!" Ich brause ihm im Badezimmer Bauch und Pfoten ab, damit Mama kein Theater macht, und rubble ihn mit meinem Badehandtuch trocken.

Leider gibt es dann doch noch ein Theater, weil der Eff-Ix vor der Bauch- und Pfotenwaschung eine Runde durch die Wohnung gemacht und sich auf dem Sofa niedergelassen hat. Das schmutzig nasse Pfotenmuster ist der Beweis dafür.

Wie die Faschingsparty viel versprechend beginnt und wie mir eine saudumme Verwechslung alles vermasselt

Nach vielem Hin und Her hat sich Monika endlich entschieden, als Vampir verkleidet auf das Fest zu gehen. Nun steht sie weiß geschminkt vor dem Vorzimmerspiegel und schiebt sich ihr Vampirgebiss in den Mund. Sie ist schon sehr aufgeregt und bringt beim Mittagessen fast nichts hinunter, weil sie sich weigert, die Vampirzähnchen herauszunehmen.

Ich ziehe mich erst nach dem Essen um und finde mich sehr schön in meinem Kostüm. Hoffentlich vergisst Marc nicht, mir den Degen mitzubringen!

Um drei viertel drei Uhr gehen wir zu Silvia hinunter. Gleichzeitig kommen ein paar kostümierte Gestalten von unten herauf. Ein Außerirdischer, ein Drachenfürst und ein Unfallopfer, das von oben bis unten in Verbände gehüllt ist. Keine Ahnung, wer sich hinter den dreien verbirgt. Das Schlusslicht bildet Marc. Er hat sich als Musketier verkleidet und zwei Degen mitgebracht. Einen für sich und einen für mich.

Wir werden von zwei Piraten eingelassen. Sie sind ganz gleich geschminkt und angezogen und können nur Tina und Nina sein. Die Piraten öffnen feierlich die Tür zu einem großen Raum, an dessen Ende ein Braunbär und ein Gespenst auf einer Art Thron sitzen und bereit sind, die Gäste zu empfangen.

Schon nehmen die Piraten Monika in ihre Mitte und führen sie vor den Thron.

„Ihre Majestäten bitten um eine Verneigung!", sagt eine Männerstimme.

Monika macht einen Knicks und ich halte Ausschau nach dem Mann, der diese Worte gesprochen hat. Sehe ihn aber nirgends.

Schon kommen die Piraten wieder gelaufen und bringen einen Gast nach dem anderen vor den Thron. Immer wieder spricht die Männerstimme die gleichen Worte. Erst als ich selber vorgelassen werde, merke ich, dass die Stimme aus dem Gespenst kommt. Mit einem feinen Klicken vorher und nachher. Ein Kassettenrecorder! Guter Trick!

Wir sind ungefähr zwanzig Kinder. Die meisten erkenne ich trotz Gesichtsmasken oder Schminke. Nur beim Außerirdischen, bei der Hexe, beim Drachenfürsten und beim Unfallopfer tappe ich noch im Dunkeln.

Dass Florian sich als Bär verkleiden wird, hat er mir irgendwann verraten und auch, dass er sich mit Silvia etwas Lustiges ausgedacht hat. Wahrscheinlich hat er auf den gemeinsamen Empfang angespielt. Dann kann also nur Silvia das Gespenst sein. Ich suche bei den Tanzspielen immer wieder die Nähe des Gespenstes, doch es entkommt mir jedes Mal. Dafür stellt sich mir der Bär auffallend oft in den Weg und fordert mich sogar zum Tanzen auf.

„Nein, wirklich nicht!" Ich stoße ihn weg. Warum soll ich mit Florian tanzen?

Als der Bär dann in einer Pause abseits steht, pirsche ich mich von hinten an ihn heran und schütte ihm Juckpulver unter das Bärenfell.

„Rache ist süß!", flüstere ich ihm zu.

Im nächsten Augenblick stößt der Bär einen Schrei aus und rennt aus dem Zimmer. Ich stehe wie angewurzelt. Diese Stimme! Das war ja gar nicht Florian, sondern ein Mädchen. Das wird doch nicht ...

Ich laufe dem Bären nach. Im Vorzimmer nimmt er seinen Kopf ab und ich würde am liebsten im Erdboden versinken. Es ist tatsächlich Silvia!

„Du gemeiner Kerl!", schreit sie mich an und ist krebsrot vor Wut. „Wie das juckt!"

„Aber ... ich hab geglaubt, dass der Florian der Bär ist!", verteidige ich mich. „Und du das Gespenst." Ich bin völlig verwirrt.

„Eine bessere Ausrede fällt dir wohl nicht ein!"

„Silvia, bitte! Ich schwöre dir ..."

„Ach, lass mich in Ruhe! Dir glaub ich überhaupt nichts mehr", sagt sie nur und lässt mich stehen.

Da ist das Fest für mich gelaufen. Ich schleiche mich hinaus und laufe in unsere Wohnung. Gut, dass Mama nicht da ist! Gut, dass nur der Eff-Ix da ist. Der fragt mich wenigstens nichts!

Ich gehe ins Kinderzimmer und fange vor lauter Kummer zu weinen an. Wenn also Silvia der Bär war, dann habe ich ja sie zurückgestoßen. Und bin hinter Florian, dem Gespenst, her gewesen. Dass gerade mir so etwas passieren muss! Ich bin todunglücklich.

Ich sitze auf dem Boden und heule, was das Zeug hält. Da spüre ich, wie mich der Eff-Ix stupst. Ich schaue auf und sehe in seine Augen, die mich so traurig anblicken, als wäre mein Kummer auch der seine. Dann legt er die Vorderpfoten auf meine Knie und beginnt, mir die Tränen vom Gesicht zu lecken. Und ich spüre, dass er mich auch ohne Worte versteht und mich trösten will. Wie ein richtiger Freund.

Wie ich mit Silvia wieder ins Reine komme und wie der Eff-Ix ausreißt und wir ihn überall suchen

Am nächsten Morgen gehe ich ausnahmsweise als Erster aus dem Haus und drehe mich gar nicht um, als ich Florians Stimme höre. Gehe einfach stur weiter und will von der Welt nichts wissen.

„He, Robbe, so warte doch!" Florian holt mich ein, als ich die Straße überquere. „Warum bist du gestern so schnell abgehaut? Ohne dich war es dann nur mehr halb so lustig."

„Na klar, weil dann keiner mehr da war, den ihr auf den Arm nehmen konntet!", sage ich und ärgere mich schon wieder oder noch immer. „War doch alles ein abgekartetes Spiel von euch beiden."

„Reg dich nicht auf!", sagt Florian. „Du hast dich ohnehin ganz schön gerächt."

„Aber leider an der falschen Person", knurre ich ihn an. „Das Juckpulver war nämlich für dich gedacht, nicht für Silvia."

Florian krümmt sich vor Lachen.

„Hahaha! Sehr witzig! Und dass du es gleich weißt, mit dir rede ich überhaupt nicht mehr. Werde glücklich mit deiner Silvia!" Ich lasse ihn stehen und gehe wütend weiter. So eine Flasche! So ein falscher Fuffziger!

„Komm, hör zu spinnen auf!" Florian hat mich wieder eingeholt und redet auf mich ein. Dass sich Silvia gestern wegen mir so gekränkt hat und dass sie glaubt, dass ich sie nicht mehr mag und so weiter und so fort.

„Das hat sie wirklich gesagt?"

„Ja. Du kannst sie ja selber fragen."

„Werde ich auch. Da kannst du Gift drauf nehmen", sage ich und fühle mich schon etwas besser.

Der Vormittag vergeht, ohne dass ich vom Unterricht viel mitbekomme. Ich tauche irgendwie durch und überlege, wie ich mit Silvia wieder ins Reine kommen könnte.

Durch Zufall erfahre ich von Nicole, dass Silvia am Nachmittag in die Theatergruppe eintreten will. Na, bitte! Da werde ich sie abholen! Und den Eff-Ix nehme ich als Köder mit.

Leider nagelt mich Mama zu Hause fest und will, dass ich bei Bastian und Monika bleibe, weil sie ihre Übersetzung abliefern muss.

„Kann nicht Opa bei den beiden bleiben?" Ich versuche meine Freiheit zu verteidigen.

„Opa ist nach Salzburg gefahren", sagt Mama, „das habe ich dir doch schon heute früh gesagt."

„Hab ich vergessen." Ich überlege fieberhaft, wie ich Silvia trotzdem abholen könnte.

Als Mama weggeht, bearbeite ich Monika, eine Stunde bei Bastian zu bleiben. „Das schaffst du ganz leicht! Ich bleibe auch nicht lange weg."

Meine Überredungskünste helfen leider nicht. Monika hat Angst, mit Bastian allein in der Wohnung zu bleiben und so lasse ich mich breitschlagen und nehme die beiden mit.

Im Erdgeschoß hole ich den Kinderwagen aus dem Abstellraum und stecke Bastian in den warmen Fellsack. Dann ziehen wir los. Punkt vier sind wir vor der Schule. Ich überrede Monika, mit Bastian noch eine Runde zu drehen und vor der Spielzeughandlung auf mich zu warten. Dann nehme ich den Eff-Ix und verstecke mich im Hauseingang neben der Schule.

Es dauert nicht lang, da kommen die Kursteilnehmer heraus. Nur Silvia kommt nicht. Ob sie schon früher weggegangen ist? Ich werde auf jeden Fall warten. Ich werde mich nicht von der Stelle rühren!

Und endlich, nach einer halben Ewigkeit, kommt Silvia aus der Schule.

Ich lasse den Eff-Tx von der Leine. „Lauf zu Silvia!", trage ich ihm auf und hoffe inständig, dass er mir eine Brücke baut. Er läuft wirklich auf Silvia zu und springt an ihr hoch. Sie beugt sich zu ihm. Gewonnen! Mit ein paar Schritten bin ich bei den beiden.

„Hallo, Silvia!", sage ich und räuspere mich. „Du, ich wollte mich wegen gestern ..."

„Aus der Bahn, aus der Bahn, jetzt kommt der kleine Basti an!", schreit Monika und fährt mit einem Mordstempo zwischen uns durch.

„Ich wollte mich wegen gestern entschuldigen", sage ich, doch

Silvia hört gar nicht hin, weil sie durch Monika und Bastian abgelenkt ist.

„Möchtest du den Eff-Ix führen?", frage ich Monika und hoffe, sie damit schnell wieder loszuwerden.

Monika ist sofort einverstanden.

„Aber halt die Leine fest, damit er dir nicht auskommt!", rufe ich ihr noch nach, doch sie läuft schon mit dem Eff-Ix in Richtung Park.

„Ist der süß!", sagt Silvia und meint Bastian.

„Bist du noch böse auf mich?", frage ich unsicher.

„Die Sache mit dem Juckpulver war schon gemein von dir."

„Es hat doch nicht dir gegolten."

Da lacht Silvia und sagt: „Geschieht mir ganz recht! Ich habe nämlich Florian überredet, die Kostüme zu vertauschen."

„Du? Und warum?"

„Nur so!", sagt sie lachend. „Also sind wir quitt."

„Okay", sage ich, obwohl ich etwas durcheinander bin. Kenne sich einer mit den Mädchen aus!

Wir plaudern über dies und das, bis plötzlich Monika heulend auf uns zugelaufen kommt.

„Wo ist der Eff-Ix?", frage ich alarmiert.

„Er hat sich losgerissen", stößt sie unter Schluchzen hervor, „und ist weggelaufen."

Mir ist auf einmal ganz mulmig zumute. Hätte ich ihr nur nicht den Hund anvertraut!

„Hör mit dem Heulen auf und zeig mir lieber, wo es passiert

ist", sage ich und treibe sie vor mir her. Silvia übernimmt Bastian und so laufen wir zu der Stelle, wo der Eff-Ix ausgerissen ist.

„Hier war es, genau hier!", sagt Monika kleinlaut. „Und dann ist er auf den Hamerlingpark zugelaufen." Sie fängt wieder zu heulen an.

„Hallo, Leute!" Plötzlich steht Florian vor uns. Mit einem Blick auf Monika fragt er: „Was hat sie denn?"

Ich erzähle kurz, was passiert ist. Er erklärt sich sofort bereit, bei der Suche mitzuhelfen. Wir grasen jeden Teil des Parks ab, suchen in den angrenzenden Straßen zwischen den geparkten Autos und fragen alle Vorbeikommenden, ob sie einen Basset gesehen haben.

Nichts! Keine Spur vom Eff-Ix!

„Vielleicht ist er in eines der Geschäfte gelaufen, die er kennt?" sagt Florian.

Wir sehen beim Fleischhauer nach, beim Bäcker, beim Trafikanten und in der Gemüsehandlung. Nichts! Sogar im Kaffeehaus fragen wir nach, in das der Eff-Ix den Großvater täglich begleitet. Auch hier nichts!

Langsam ist auch mir nach Heulen zumute! Wo könnte er nur sein?

Und da, im Augenblick der tiefsten Ratlosigkeit, biegt Heiner um die Ecke. Mit dem Eff-Ix im Schlepptau. Ich glaube, ich sehe nicht recht! Der Eff-Ix begrüßt uns begeistert und tut so, als wäre überhaupt nichts geschehen.

„Wo war er denn?"

„Wo hast du ihn gefunden?"

„Mensch, Heiner, wo hast du ihn aufgegabelt?"

Wir rufen alle aufgeregt durcheinander.

Heiner schaut verwundert von einem zum anderen. „Im Schreibwarengeschäft habe ich ihn gefunden."

„Wie kommt er dann da hin?"

„Keine Ahnung! Ich wollte mir Tintenpatronen kaufen und da hab ich ihn gesehen. In der Auslage ist er gesessen und hat unglücklich dreingeschaut. Und so habe ich ihn mitgenommen und wollte ihn dir bringen, Robbe."

„Mensch, Heiner, das vergess ich dir nie!", sage ich. Ich bin überwältigt, froh und dankbar.

Heiner führt den Eff-Ix bis nach Hause. Auf einmal gehört er zu uns. Ganz selbstverständlich.

Wie ich alles Wissenswerte über mich preisgebe und wie Papa die Rache vom Eff-Ix zu spüren bekommt

Im Stiegenhaus treffen wir Nina und Tina, die Monika zu sich einladen. Florian hilft mir unterdessen, Bastian in den dritten Stock zu schleppen. Heiner bringt den Eff-Ix bis vor unsere Wohnung.

Mama ist bereits zurück. Sie ist erleichtert, dass sie ihre Arbeit abgegeben hat und freut sich, dass wir mit Bastian im Park waren. Ich erwähne kein Sterbenswörtchen von dem, was passiert ist.

Während sie in der neuesten Ausgabe der „Zeit" liest, Papas Lieblingszeitung, schreibe ich alles Wissenswerte über mich in Heiners Freunde-Buch:

Name: Robbe (Robert) Frankenberg
Adresse: Wien 8, Pfeilgasse 25
Lieblingsfächer: Turnen, Sachunterricht
Lieblingsessen: Spaghetti, Huhn mit Reis und Ananas
Lieblingsbuch: Moby Dick
Lieblingssong: O baby baby, it's a wild world
Ich bin Fan von: „Herman and the Munsters"
Lieblingstier: Hund (Basset)
Was ich einmal werden möchte: Schlagzeuger oder Tiefseetaucher

Dann klebe ich das Foto ein, auf dem ich mit dem Eff-Ix drauf bin. Das andere behalte ich als Reserve, falls auch Silvia mir ihr Freunde-Buch für eine Eintragung gibt.

Dann lese ich mir noch den „Vorschlag für einen Briefschluss" durch, den Frau Schellander uns kopiert hat. Wir sollen ihn als Vorlage verwenden und uns als Hausübung etwas Eigenes einfallen lassen. Einen eigenen Briefschluss, wenn möglich gereimt. Ich kaue eine Weile an meiner Füllfeder herum und weiß nicht, was ich schreiben will. Auf einmal muss ich an Silvia denken und dass ich ihr schreiben könnte. Und schon läuft es wie geschmiert.

Spucke nicht in Bodenvasen,
bore nicht in fremden Nasen,
streichle keine fremden Hunde,
brüle nicht mit follem Munde.
Lass noch manches andre bleiben,
doch vergiss nicht, mir zu schreiben!

Ich bin ganz stolz auf mein Werk und lese es Mama vor. Verschweige ihr jedoch, an wen ich dabei gedacht habe. Es gefällt ihr gut. Leider entdeckt sie drei Rechtschreibfehler, sodass ich es noch einmal schreiben muss.

Irgendwann kommt Papa nach Hause und mir fällt auf, dass der Eff-Ix zum ersten Mal nicht bellt und sich auch nicht blicken lässt. Ich denk mir noch, dass er wirklich ein gescheiter Hund ist, der schnell kapiert, was geht und was nicht.

Papa überrascht Mama mit zwei Konzertkarten für die Sonntagsmatinee der Wiener Philharmoniker, die seit Monaten ausverkauft ist, und widmet sich dann Bastian, der gegen Abend recht quengelig geworden ist.

„Wahrscheinlich bekommt er wieder einen Zahn", sagt Mama und gibt Bastian eine Brotrinde zu kauen, worauf die Quengelei gleich aufhört.

„Kann ich dir etwas helfen, Lena?"

„Im Augenblick nicht", sagt Mama. „Wirf ruhig noch einen Blick in die Zeitung".

Das lässt sich Papa nicht zweimal sagen. Er geht mit Bastian ins Wohnzimmer und tut, was er nach dem Büro am liebsten tut: Eine Weile abschalten!

Ich sitze schon wieder im Kinderzimmer und schreibe eben mein Gedicht fertig ab. Diesmal ohne Rechtschreibfehler.

„Hast du meine Zeitung verschleppt, Robbe?" Papa steckt den Kopf bei der Tür herein.

„Ich? Nein!" Was soll ich mit seiner Zeitung? Die interessiert mich wirklich nicht.

Papa geht ins Wohnzimmer zurück und sieht den Stapel Zeitungen durch, der im unteren Regal des Bücherschrankes liegt.

„Die muss doch da sein! Ich habe vor einer Stunde noch drinnen gelesen", sagt Mama und hilft ihm beim Suchen.

„Du hast nicht zufällig meine Zeitung gesehen?", fragt Papa Monika, die eben nach Hause kommt.

„Welche Zeitung?" Monika hat keine Ahnung, wovon Papa redet.

„Die kann doch nicht verschwunden sein!" Papa schaut im Papierkorb nach und sucht das Vorzimmer ab. Er sucht in der Küche, im Badezimmer und sogar im Klo. Nichts!

„Die kann sich doch nicht in Luft aufgelöst haben!", sagt Papa verärgert und verschwindet im Schlafzimmer, um auch hier alles abzusuchen.

„Leeeena!", brüllt Papa gleich darauf. „Bitte, komm und schau dir das an!"

„Was ist denn jetzt schon wieder?", fragt Mama seufzend und geht zu Papa.

Auch Monika und ich schauen nach, was es denn so Wichtiges gibt. Sehen aber nur den Eff-Ix unter dem Schreibtisch.

„Meinst du den Hund, Kurt?", fragt Mama vorsichtig.

„Ich meine nicht den Hund selber! Ich meine das, worauf er liegt", sagt Papa mit mühsam verhaltenem Zorn. „Komm näher! Schau dir die Bescherung an!"

Wir folgen Mama dicht auf den Fersen. Sie bückt sich und hebt eine Hand voll Papierschnitzel auf. Der Eff-Ix beobachtet sie aus den Augenwinkeln.

„Sieht aus wie ... Papierflocken. Das wird doch nicht deine Zeitung sein?"

„Das *war* meine Zeitung!", schnaubt Papa. „Da heißt es immer, ein Hund ist der beste Freund des Menschen. Also, der da jedenfalls nicht!"

Bei diesen Worten nimmt der Eff-Ix Reißaus. Er kennt Papas Tonfall und weiß aus Erfahrung, dass es höchste Zeit ist, sich zu verkriechen.

Als die Eltern das Zimmer verlassen, schauen wir uns die Bescherung näher an. Ich staune. Ehrlich! Der Hund hat die Zeitung in mühsamer Kleinarbeit klitzeklein zerrissen, so dass nur mehr Papierfetzchen übrig geblieben sind.

„Weißt du, was ich glaube?", sagt Monika. „Das war die Rache vom Eff-Ix."

Ich verstehe kein Wort.

„Schau, immer wenn er etwas anstellt, gibt ihm Papa mit der Zeitung einen Klaps auf den Popo. Und dafür hat er sich heute gerächt."

Wie alles Schlag auf Schlag geht und ich in Hungerstreik trete

Abends übt Papa wieder auf der Geige. Und wie beim ersten Mal hört ihm der Eff-Ix andächtig zu und fordert winselnd eine Draufgabe nach der anderen. Vergessen ist die Sache mit der Zeitung. Vergessen sind all die anderen Schandtaten. Papa und Eff-Ix scheinen für kurze Zeit wieder ein Herz und eine Seele zu sein.

Eine halbe Stunde später läutet das Telefon. Ich hebe ahnungslos ab – und habe Onkel Hermann an der Strippe. Mir gibt es einen Stich. Ich weiß, warum er anruft. Also lasse ich ihn gar nicht erst zu Wort kommen. Und rede ihm ein Loch in den Bauch, ohne den Eff-Ix ein einziges Mal zu erwähnen. Doch es hilft nichts!

Schon nimmt mir Papa den Hörer aus der Hand. „Hallo, Schwager! Warum meldest du dich nicht? Wir warten die ganze Zeit auf deinen Rückruf."

Ich wünsche mir so sehr, dass Papa sagt: Das mit dem Pflegeplatz hat sich erledigt! Ich wünsche mir so sehr, dass er sagt: Wir haben es uns überlegt. Wir geben den Hund nicht mehr her!

Doch nichts von alledem sagt er. Sondern nur: „Gut ... Ja, das lässt sich machen ...", sagt er nur. „Dann bringen wir ihn gleich morgen zu dir."

„Morgen schon?" Ich schaue Papa entsetzt an. „Warum denn schon morgen?"

„Warum denn so plötzlich?", fragt auch Mama.

„Weil wir für Sonntag Konzertkarten haben, mein Schatz!", sagt Papa. „Und weil ich an den kommenden zwei Wochenenden ins Büro muss."

„Nicht schon morgen!", klagt Monika. Sie bettelt, schmeichelt, weint, um Papa umzustimmen. Doch Papa bleibt hart. Da springt sie vom Tisch auf und läuft hinaus.

Ich versuche mit Papa zu verhandeln. Biete ihm an, meine schulischen Leistungen zu steigern, im Haushalt mehr mitzuhelfen und das Hundefutter aus eigener Tasche zu bezahlen, wenn der Eff-Ix bei uns bleiben darf. Doch Papa lässt sich nicht erweichen.

Da trete ich in Hungerstreik. Esse keinen Bissen vom Risotto. Rühre auch die Nachspeise nicht an, obwohl ich Haselnusscreme besonders gern mag, und rede bei Tisch kein Wort mehr. Dann nehme ich den Eff-Ix mit ins Kinderzimmer und baue wieder unser Matratzenschiff zusammen. Diese letzte Nacht soll er noch bei uns schlafen. Ist mir schnurzegal, ob Mama es erlaubt oder nicht.

„Wenn ich einmal Kinder habe", sagt Monika traurig, „werde ich ihnen ihren Hund nicht wegnehmen."

„Ich auch nicht", sage ich.

Monika will, dass ich ihr von „Moby Dick" erzähle, gruselt sich aber vor Kapitän Ahab und will nichts mehr hören von dessen Jagd auf den weißen Wal. Ist mir auch lieber so. Meine Gedanken sind ohnehin nicht bei der Geschichte, sondern nur bei der Tatsache, dass wir uns morgen vom Eff-Ix trennen müssen. Und das will mir ganz einfach nicht in den Kopf hinein!

Am nächsten Tag komme ich fast nicht aus den Federn. Ich habe schlecht geschlafen und fühle mich wie gerädert. Ich rühre mein Frühstück nicht an und rede kein Wort.

Im Auto liegt der Eff-Ix auf seiner Decke mir zu Füßen und schaut mich unablässig an. Ich schließe die Augen, um seinem Blick zu entgehen. Auf der ganzen Fahrt habe ich so ein flaues Gefühl im Magen und einen schweren Kopf. Ich döse eine Weile vor mich hin. Immer wenn wir an einer Kreuzung halten, höre ich den Eff-Ix bellen und Papa sagen: „Diese Bellerei ist wirklich nervtötend."

Knapp vor zwölf treffen wir in Schönau ein. Der Ort liegt im nördlichen Waldviertel, nahe der tschechischen Grenze. Onkel Hermann lebt hier seit ein paar Jahren mit seiner Freundin Nana und den zwei anderen Musikern, Josip und Marcel, in einem alten Bauernhof, den er irgendwann renovieren will, wie er sagt. Bisher hat er nur den ehemaligen Stall umgebaut und als Proberaum und Tonstudio eingerichtet.

Ich sehe schon von weitem den blauen Kleinbus von Onkel Hermann, auf den er mit roten Buchstaben „Herman and the Munsters" gemalt hat. Als Papa in den Hof einbiegt, dreht der Eff-Ix völlig durch und jault und bellt und will um jeden Preis der Welt hinaus.

Ich öffne ihm die Wagentür. Wie ein Pfeil schießt er hinaus, jagt ein paar Hühner in die Flucht und saust im Schweinsgalopp im Hof herum, als wäre der Teufel hinter ihm her.

„Wie man sieht, gefällt es ihm hier!", sagt Papa. Gleich darauf macht er wieder seine ätzenden Bemerkungen über das Gerümpel, das auf dem Hof herumsteht. „Ich werde nie kapieren, wie man sich in so einem Chaos wohl fühlen kann." Dann geht er auf das Haus zu. Vom Ort her hört man die Mittagsglocken läuten. „Hoffentlich gibt es nicht wieder Weißwürste und Kartoffelpüree."

„Aber, Kurt, musst du immer meckern!", sagt Mama.

Schon kommt Onkel Hermann aus dem Haus und umarmt Mama und uns Kinder und schaut belustigt dem herumrasenden Eff-Ix nach. Dann begrüßt er Papa. „Immer elegant, der Herr Schwager!", sagt er mit spöttischem Unterton, weil Papa Anzug und Krawatte trägt. Er selbst kommt eher vergammelt daher.

„Diesen kleinen Kerl willst du also loswerden", sagt er zu Papa und schaut dem Eff-Ix zu, der eben versucht, die Hühnerleiter hinaufzugehen.

„Loswerden ist zu viel gesagt!", schränkt Papa ein. „Ich glaube nur, dass er hier auf dem Land besser aufgehoben ist."

„Hier bei mir, meinst du", stichelt Onkel Hermann.

Papa windet sich. Ich glaube, er verwünscht bereits die Idee, hierher gefahren zu sein.

„Können wir reinkommen?", fragt Mama „Mir ist kalt."

„Natürlich! Kommt rein!", sagt Onkel Hermann, „Nana hat was Gutes gekocht."

„Was denn?", fragt Papa vorsichtig.

„Ihre Spezialität", antwortet Onkel Hermann und zwinkert mir zu. „Kartoffelpüree mit Weißwürsten. Das schmeckt dir doch, Kurt, oder?"

„Ich bin ganz verrückt danach", sagt Papa grimmig und macht ein Gesicht wie zehn Tage Regenwetter.

Die anderen gehen ins Haus. „Kommst du nicht, Robbe?"

„Nein, ich bleib noch heraußen – beim Eff-Ix", sage ich ausweichend, obwohl mir auch schon kalt ist.

Onkel Hermann schaut mir in die Augen. „Du würdest den Hund gern behalten, stimmt's?" Er legt mir den Arm um die Schultern.

Ich nicke und kämpfe mit den Tränen.

„Da werd ich mir wohl etwas einfallen lassen müssen", sagt Onkel Hermann und drückt mich an sich.

Gemeinsam betreten wir das Haus. Drinnen sitzen schon alle um den großen Tisch. Nana serviert eben das Mittagessen. Onkel Hermann gibt dem Eff-Ix frisches Wasser in eine Schale und dann setzen wir uns zu den anderen. Josip hat Bastian auf dem Schoß und füttert ihn mit Püree und Apfelmus, wovon er gar nicht genug bekommen kann.

Mir steigt der Essensgeruch in die Nase, aber ich bleibe standhaft und ziehe meinen Hungerstreik durch.

„So iss doch etwas, Robbe!", drängt Mama. „Du musst ja schon einen Mordshunger haben."

„Mir ist nicht gut", sage ich ausweichend, stehe vom Tisch auf und lege mich auf das alte Sofa, das in einer Nische zwischen Wand und Kachelofen steht. Das ist seit jeher mein Lieblingsplatz.

Ich höre, dass Josip und Marcel etwas von ihrer letzten Tournee erzählen, und merke, dass mich jemand mit einer Felldecke zudeckt. Mir ist heiß und kalt zugleich. Irgendwann hüpft der Eff-Ix aufs Sofa und rollt sich neben mir zusammen. Mein Kopf ist so schwer und mein Herz auch.

Es dämmert schon, als ich wieder aufwache.

„Mach dich fertig, Robbe, wir fahren jetzt!", höre ich Mamas Stimme neben mir. Ich will mich aufsetzen, aber um mich herum dreht sich alles. Ich lege mich gleich wieder hin. Mama legt mir die Hand auf die Stirn. „Du hast ja Fieber, Robbe!", sagt sie erschrocken. „Höchste Zeit, dass wir losfahren!"

„Warte, Lena, ich trage ihn ins Auto", sagt Onkel Hermann, wickelt mich in die Felldecke und steckt mir ein paar getrocknete Apfelspalten zu. „Könnte sein, dass du auf dem Heimweg wieder etwas knabbern willst", sagt er leise zu mir. Dann trägt er mich hinaus und setzt mich neben Bastian auf den Rücksitz. Ich ziehe die Beine an und kuschle mich in die Decke.

„Wo bleibt denn Monika?", fragt Papa ungeduldig und ruft zum dritten Mal nach ihr. Endlich kommt sie heulend daher.

„Wenn ich mich doch noch vom Eff-Ix verabschieden wollte", stößt sie unter Schluchzen hervor. „Und ich finde ihn nirgends."

„Steig jetzt endlich ein, Monika!", sagt Papa, „Glaub mir, es ist besser, wenn wir ihn gar nicht mehr sehen, den Hund. So ein langer Abschied macht nur traurig." Er hebt sie hoch und setzt sie auf ihren Platz.

„Wiedersehen und danke für alles", sagt Mama zu Onkel Hermann und Nana, bevor sie die Wagentür schließt.

Zum Abschied legt Onkel Hermann die Hand von außen an mein Fenster. Ich lege meine Hand von innen genau auf seine. Einen Augenblick ist mir, als spürte ich seine Wärme durch das kalte Glas hindurch.

Wie wir unglücklich die Heimreise antreten und wie dann doch noch alles gut wird

Wir fahren lange dahin und keiner sagt ein Wort. Mama hängt ihren Gedanken nach. Monika kniet auf dem Rücksitz und weint. Bastian schläft. Und ich bin traurig und unglücklich und vielleicht wirklich krank.

„Also, eines genieße ich wirklich!", sagt Papa mitten in die Stille hinein. „Endlich keine Bellerei im Auto!"

Keine Antwort. Schweigen im Walde.

„Ach, so ist das! Da will keiner mit mir reden!", sagt Papa beleidigt. „Na bitte, dann nicht. Aber ihr braucht gar nicht glauben, dass *mir* das Ganze leicht gefallen ist! Es ist eben besser so. Für alle. Und für den ... für den Eff-Ix auch!"

Er stellt das Autoradio an, schaltet hektisch von einem Programm zum anderen und entscheidet sich schließlich für eine Konzertübertragung. Er lehnt sich zurück und beginnt schon bald, mit dem Kopf mitzudirigieren. Beim Geigensolo pfeift er sogar leise mit.

Während ich das Konzert über mich ergehen lasse, höre ich auf einmal ein hauchzartes Winseln zu mir hochsteigen. Monika muss es auch gehört haben, denn sie lässt sich blitzartig auf den Sitz zurückfallen. Und als wir uns vorneigen, sehen wir, wie sich aus der zusammengewurstelten Hundedecke auf dem Boden eine feuchte Hundeschnauze hervorschiebt.

Ich fasse es nicht! Der Eff-Ix fährt wieder mit uns nach Hause! Ist er selber auf die Idee gekommen? Oder hat Onkel Hermann nachgeholfen? Wie auch immer, der Eff-Ix fährt als blinder Passagier mit uns zurück. Das ist alles, was zählt. Ich fühle mich schlagartig besser.

Monika strahlt übers ganze Gesicht. Ich mache ihr vorsichtshalber ein Zeichen. Pst! Nichts verraten! Damit Papa nichts merkt und weiterfährt.

Auf einmal wittert Mama, dass bei uns hinten etwas nicht stimmt. Sie legt den Kopf schief und dreht sich ruckartig um. Schaut erst mich, dann Monika prüfend an.

„Ist irgendwas?", fragt sie.

„Nein! Was soll sein?" Wir lächeln sie ganz lieb an.

„Außerdem geht es mir schon wieder viel besser", sage ich.

„Da bin ich aber froh!" Beruhigt dreht sie sich wieder um.

Nach einer Weile schüttelt der Eff-Ix die Hundedecke ab und setzt sich kerzengerade auf. Legt den Kopf zurück und fängt erneut zu winseln an.

Nun lässt sich Mama nicht mehr täuschen. Sie schaut Papa von der Seite an, ob auch er hört, was sie hört. Doch Papa hat nur Ohren für die Musik. Mama dreht sich langsam zu uns um. Wir halten für einen Augenblick die Luft an. Bei ihr weiß man nie so recht, wie sie reagiert. Als ihr Blick auf den Eff-Ix fällt, der mit geschlossenen Augen zur Geigenmusik mitwinselt, da muss sie lachen. Wir lachen erleichtert mit.

„Ist irgendwas?", fragt Papa.

Mama schüttelt nur stumm den Kopf und versucht, sich das Lachen zu verbeißen.

Papa weiß nicht recht, was läuft. Ich beobachte ihn im Rückspiegel. Plötzlich zuckt er zusammen. Legt die Stirn in Falten. Dann tritt er auf die Bremse und lenkt das Auto an den Straßenrand.

In diesem Augenblick spuckt Bastian seinen Schnuller aus. Als er sich vorbeugt, um ihn aufzuheben, sieht er den Eff-Ix.

„Wauwau!", kräht er erfreut. „Wauwau!"

„Das ist doch wirklich ein starkes Stück!", brummt Papa, ohne sich umzudrehen. „Da fahren wir mehr als drei Stunden, um den Hund zu Hermann zu bringen und dann ..."

„... fährt er wieder mit uns zurück!", flüstert Monika und schlingt die Arme um Papas Hals.

„Und du findest das auch noch lustig?", sagt Papa, schaut Mama etwas hilflos an und befreit sich aus Monikas Umarmung.

„Bitte, Kurt, schau ihn dir an, deinen musikalischen Hund!"

Papa dreht sich um. Der Eff-Ix hat eben eine Pause eingelegt, sitzt hochaufgerichtet auf dem Boden und hält Papas Blick stand. Dann schenkt er ihm noch ein extrazartes Winseln.

„Das hat die Welt noch nicht gesehen!", sagt Papa. „Darf ich fragen, was wir jetzt tun sollen?"

„Weiterfahren, würde ich sagen", sagt Mama und zuckt die Achseln.

„Waaas? Du meinst ...?", japst Papa.

„Aber ja, Kurt! Der Hund will ganz einfach lieber bei *uns* bleiben als bei Hermann."

Das ist Wasser auf Papas Mühlen. „Also, das kann ich ihm nachfühlen. In dem Chaos würde ich mich auch nicht wohl fühlen. Und überhaupt der Eff-Ix, mit seinem Gespür für gute Musik ..."

Noch einmal dreht sich Papa um. Ich merke, dass sein Widerstand gegen den Eff-Ix langsam in sich zusammenbricht. Auch der Eff-Ix scheint das zu spüren. Beschwörend legt er eine Pfote auf Papas Hand, als würde er sagen: He, Mann, schieb mich nicht ab!

Papa seufzt.

„Na meinetwegen! Nehmen wir die Nervensäge wieder mit.",

sagt er schließlich. Und mit einem kurzen Seitenhieb gegen Onkel Hermann: „Bei uns hat er es ja wirklich besser!"

Dann startet er, legt den ersten Gang ein und wir fahren – alle mitsammen – nach Hause.

Jakk heißt eigentlich Jakob, ist zehn Jahre und acht Monate alt. Auf diese präzise Altersangabe legt er großen Wert. Er bekommt eine Zahnspange verpasst und ist todunglücklich. Er möchte auswandern und zieht ins Baumhaus von Oma und Opas Schrebergarten. Er fühlt sich von seinen Freunden verlassen und findet doch den Weg mit ihnen ins Kino ...
Auch gegen Mädchen ist er nicht geimpft:
Sabine lädt ihn zu ihrer Geburtstagsparty, Jaqueline fährt mit ihm Hochschaubahn und mit Judith verbindet ihn gemeinsamer Zahnspangenschmerz im Eissalon.
Alles klar?

ISBN 3-85191-047-8

Ausgezeichnet mit dem Anerkennungspreis zum Preis der Stadt Wien

Spaßgeschichten, Scherzgedichte, Limericks und Rätselreime für die ganze Flammlilie – Kater, Butter, Rinder und Mooseltern. Vorsicht: Höchste Ansteckungsgefahr!

ISBN 3-85191-110-5

Ausgezeichnet mit dem Illustrationspreis der Stadt Wien

Die Spaßgeschichten- und Scherzgedichte-Werkstatt öffnet wieder ihre Pforten für alle rätselhaften Witzbolde und verspielten Superhirne.
Schaut doch mal rein!

ISBN 3-85191-144-X